Hellmut Lemmer

Herzkartoffel

Roman

WOLLVerlag

Hellmut Lemmer
Lektorat: Dr. Carina Middel
Coverdesign: Teamwork Medienmanagement GmbH Velbert
Foto Rückseite: Annegret Freiberger
Satz: kajado GmbH Dortmund, www.kajado.de
Printed by CPI Books, www.cpibooks.de
2. Auflage Januar 2020

Die Personen und Handlungen dieses Romans sind frei erfunden.

WOLL Verlag Hermann J. Hoffe
www.woll-verlag.de
ISBN: 978-3-943681-91-8

WOLLVerlag

INHALT

1 DIE HERZKARTOFFEL

Am Morgen hatte der Regen noch nicht eingesetzt, nur der Himmel war schon ziemlich grau. Der Ort war menschenleer. Es wehte ein unfreundlicher Wind. Das ließ nichts Gutes ahnen. Wir liefen runter bis zur Brücke an der Dorfstraße. Da kam das Postauto und wir winkten dem Fahrer zu. Er beachtete uns Kinder nicht, hielt bei Kösters vor der Gaststätte und leerte den Briefkasten. Jedenfalls tat er so; ob etwas im Kasten war, konnten wir nicht sehen.

Dann hörten wir oben von der Scheune her laute Geräusche. Der Trecker fuhr vor und irgendein Anhänger schepperte. Das schien uns jetzt interessanter als das Postauto und die leere Dorfstraße.

Der Regen begann ganz sacht. Er sollte bald stärker werden. Wir liefen den kurzen Weg wieder hinauf zur Scheune und sahen, wie der Trecker rückwärts rangierte und eine angehängte Maschine unter das Dach am offenen Scheunentor schob.

„Für die Kartoffeln“, sagte Ottomar. Er kannte sich aus.

Der Regen wurde stärker. Inge trug nur eine Wolljacke und wir drückten uns seitlich in den Scheuneneingang. Es war jetzt ziemlich ungemütlich.

Die Maschine war ein relativ großes Ding. Der Trecker fuhr wieder nach vorn und ließ sie in der Scheune stehen. Dann kamen der Bauer und der Knecht. Sie legten noch einen Keil unter und machten sich am Motor zu schaffen.

„Los, seht zu, dass ihr wegkommt, Kinder.“

Hinter der Maschine im Inneren der Scheune stand ein Anhänger, voll beladen mit Kartoffeln. Als der Motor ansprang, begann das Monstrum zu vibrieren und zu ruckeln.

Es machte einen Höllenlärm. Wir gingen unwillkürlich ein paar Schritte zurück.

„Keine Angst", sagte Ottomar, „ das ist die Kartoffelsortiermaschine." Wir wunderten uns, dass er ein so schwieriges Wort aussprechen konnte, aber er war ja der Sohn des Bauern. „Die Kartoffeln kommen nur über den Winter, wenn sie trocken, kühl und dunkel gelagert werden."

Der Knecht hieß Blazek und stand jetzt mit einer breiten Gabel auf dem Anhänger. Er schaufelte die sich auf dem Wagen befindlichen Kartoffeln auf die Sortiermaschine. Sie fielen auf die schwingenden Drahtsiebe des Verlesetisches, verschwanden, wenn sie zu klein waren, in der unteren Etage oder wackelten bis zum Ende des Siebes durch, wurden von einem quer gestellten Brett nach rechts geleitet und in einem Sack aufgefangen, den der Bauer unter eine Art Spundloch hielt. Sack für Sack wurde abgefüllt und beiseitegestellt.

„Mir ist es zu laut", sagte Inge, „kommt weg."

„Wartet", sagte Ottomar, „wartet."

Er stellte sich auf einen Strohballen und beobachtete das ratternde, rüttelnde Gewaber der Kartoffeln, die auf die Drahtsiebe rollten, sich drehten, überschlugen und verschoben, durch die Maschen versanken oder weiterkullerten, begleitet vom ohrenbetäubenden Lärm der Maschine.

Sein Vater hatte alle Hände voll zu tun, um die Kartoffelflut aufzufangen, einzusacken, abzubinden und beiseitezustellen. Das rumpelnde Monstrum bestimmte den Rhythmus. Uns Kinder hatte er nicht mehr im Blick.

„Es lohnt sich zu warten", rief Ottomar uns zu, machte Zeichen zu bleiben.

Inge ging zum Ausgang der Scheune. Sie hatte dunkelbraune Zöpfe und ein schönes Gesicht. Ich mochte sie sehr. Ich war gern mit ihr zusammen. Mit Ottomar auch. Aber er hatte immer die besten Ideen, deshalb bewunderte Inge ihn wohl mehr als mich.

„Warte, Inge“, sagte ich. Ich wusste nicht, irgendetwas behagte mir nicht. Der Krach der Maschine störte mich auch. Ottomar stand begeistert auf dem Strohballen.

„Da, seht ihr, da kommt eine“, rief er und zeigte auf eine Kartoffel ganz am gegenüberliegenden Rand des Verlesetisches. Sie hatte eine schöne Herzform, darauf hatte er es abgesehen. Aber schon war sie unten im Sack verschwunden.

„Ich fange eine für dich, Inge, warte.“ Ottomar sprang jetzt vom Strohballen herunter und stellte sich direkt neben die Sortiermaschine.

Die nächste Herzkartoffel rollte wieder fast auf der anderen Seite heran. Ottomar sprang hoch, stützte sich mit einer Hand an dem hölzernen Rahmen ab, beugte sich blitzschnell hinüber und griff mit der linken Hand nach der Kartoffel.

„Zurück!“, schrie sein Vater entsetzt.

Aber der Junge hatte schon Übergewicht bekommen, konnte sich nicht mehr halten. Er musste sich mit der Hand abstützen, so dass sie auf und dann in das automatisch ruckelnde und zuckende Metallsieb geriet, das die Finger zerquetschte, die hindurchrutschten bis auf das untere Sieb und auch da erbarmungslos malträtiert wurden.

Erst als Blazek geistesgegenwärtig vom Anhänger gesprungen war und den Motor ausschaltete, hörten wir das Schreien in die augenblicklich eingetretene Stille hinein. Es war der Bauer, der sich auf seinen Sohn gestürzt hatte, die blutende Hand oder das, was davon übrig war, aus dem Drahtgitter löste und den Jungen auf den Boden legte.

Blazek zog seinen Gürtel aus dem Hosenbund und band ihn um den Oberarm von Ottomar. Er riss sich das Hemd vom Leib und wickelte es stramm um die zerschundene Hand, um das ausströmende Blut irgendwie zu stoppen. Ottomar war leichenblass im Gesicht. Er lag unbeweglich, sagte keinen Mucks, verdrehte nur mehr und mehr die Augen.

„Los, Heiner, lauf und hol den Doktor", befahl mir jetzt der Bauer und ich rannte wie vom Teufel besessen, war froh, endlich irgendwie agieren zu können. Ich rannte zur Dorfstraße hinunter. Den jetzt heftigen Regen nahm ich nicht wahr. Was passierte denn mit Ottomar? Mein Herz schlug mir bis zum Hals. Alles war voll Blut. Er musste doch nicht sterben? Musste ich für ihn beten? Aber das ging ja nicht bei diesem rasenden Lauf. Links runter zur Talsperre, das dritte Haus.

Der Doktor war zu Hause. Viel sagen musste ich nicht, er las alles aus meinem Gesicht und eilte sofort davon.

„Du bleibst hier", sagte die Frau des Doktors beruhigend und legte einen Arm um mich. Erst jetzt nahm ich wahr, dass ich bitterlich weinte und schluchzte. „So viel Blut, so viel Blut", jammerte ich, „und die Finger, die ganze Hand …"

Sie legte mich dann auf ihr Sofa.

„Sei ruhig, mein Junge. Der Doktor kriegt das schon hin", versuchte sie mich zu beruhigen. Ich fiel ihr um den Hals, weil ich so verzweifelt war. Der Regen schlug von außen heftig gegen die Fensterscheiben.

2 DER LEHRER

Unser erstes Schuljahr begann. Wir standen gespannt mit unseren Zuckertüten auf dem Schulhof und warteten, bis uns der Lehrer hereinrief. Die älteren Schüler waren schon entlassen, denn er wollte sich nur Zeit für die i-Männchen nehmen.

Unsere neue Klasse bestand aus zwölf Schülern, sechs Mädchen und sechs Jungen. Das passte. Fast alle Jungen trugen eine kurze Lederhose mit Hosenträgern und einem Querriegel vorn auf der Brust, dazu Kniestrümpfe. Nur Wolf Kowolik hatte keine, stattdessen nur eine viel zu weite Stoffhose. Die Mädchen hatten über der Bluse oder dem Hemd meist eine gestrickte, offen getragene Wolljacke. Inge war die Schönste. Sie trug ein Kleid mit langen Ärmeln und darüber gebunden eine weiße Schürze.

Ottomar bekam einen Platz in der ersten Reihe.

„Auf dich werde ich besonders aufpassen“, sagte der Lehrer. Aber es war nicht eindeutig auszumachen, ob er es fürsorglich meinte oder ob es doch eher etwas wie eine Drohung war.

Ottomar legte seinen linken Arm mit dem Verband auf das Schülerpult und blickte den Lehrer misstrauisch an. Die Hand war so dick in Watte und Binden eingepackt, dass man nicht sehen konnte, ob etwas fehlte, ein Finger vielleicht oder der Daumen oder sogar noch mehr.

Ich musste immer schlucken, wenn ich den dicken Wulst um seine Hand sah. Was sich darunter verbarg, war für mich unvorstellbar. Darüber wollte ich gar nicht nachdenken.

Ottomar sagte dazu nichts. Der Lehrer selbst hatte ein Holzbein aus dem Krieg mitgebracht. Eigentlich hätte er doch Mitgefühl zeigen müssen.

Er hielt eine kurze Ansprache: Sauberkeit, Pünktlichkeit, Gehorsam und so was. Wir hörten kaum zu. Wir hatten uns so auf diesen Tag gefreut. Er konnte unsere gute Laune nicht verderben. Aber das sollte in den nächsten Tagen schnell kommen. Heute entließ er uns sogar wohlwollend: „Auf eine Hausarbeit will ich verzichten, aber denkt nicht, dass so etwas zur Gewohnheit wird. Nur wer gefordert wird und fleißig arbeitet, wird auch Erfolg haben.“

Und dann wandte er sich noch einmal an Ottomar: „Und wie du es mit nur einer Hand zu einem ordentlichen Bauern bringen willst, ist mir ein Rätsel.“

Dieser März 1953 war ziemlich kalt. Kamen wir morgens in das Klassenzimmer, brannte schon ein Feuer im Ofen hinter der Klapptafel. Wenn wir vorbeigingen, um auf unsere Plätze zu gelangen, spürten wir zwar schon ein wenig ausströmende Wärme, aber der Raum war noch kalt. Wir fröstelten mindestens bis zur großen Pause. Nur vorne am Katheder neben dem Ofen war es wärmer. Doch dahin bestellt zu werden, wünschte sich trotzdem niemand.

Wir stellten uns neben unsere Bänke.

„Guten Morgen!“

„Gu-ten Mor-gen, Herr Kru-se-mann!“

Wir durften uns setzen, mit dem Rücken zum Bankgenossen und mit den Beinen zum Gang. Der Lehrer ging von seinem Pult aus den Gang hinunter bis zum Schaubild mit den einheimischen genießbaren Pilzen. Dabei kontrollierte er mit scharfem Blick, ob die Schuhe geputzt waren. Der Rückweg nach vorn nahm ihn weitaus stärker in Anspruch, denn da wurden in einem Durchgang die Sauberkeit der Fingernägel und das Vorhandensein eines frischen und gebügelten Taschentuchs überprüft.

Die Kontrolle begann im Gang am Fenster. Ich war froh, im zweiten Gang zu sitzen, denn hier musste sich das Augenmerk des Lehrers schon teilen, sofern es überhaupt teilbar war. Vom Pult aus gesehen saßen rechts noch Schüler unserer ersten Klasse und links vom Gang schon die Zweitklässler. Noch besser hatten es diejenigen aus der dritten oder vierten Klasse. Wenn sie es geschickt und unbemerkt anstellten, konnten sie während des Durchgangs der ersten zwei oder drei Reihen noch schnell mit dem Daumennagel den etwas zu auffälligen Schmutz entfernen. Notfalls konnten sie es sogar wagen, sich zu bücken, und mit etwas auf die Finger gespucktem Speichel über eine gar zu auffällige Schmutzstelle der Schuhe streichen.

Darüber hinaus gab es am Ende des zweiten Ganges fast regelmäßig eine zusätzliche Atempause. Hier saß ganz hinten in der Bank, durch zwei leere Plätze nach vorn von den anderen getrennt, allein der Schüler Wolf Kowolik. Seine Schuhe waren nicht sauber, seine Fingernägel schon gar nicht. Er hatte meist kein Taschentuch, vielleicht höchstens einen schmutzigen Lappen.

„Hast oben an der Kippe wieder nach Altmetall gebuddelt“, sagte der Lehrer. „Aber unverdient kriegt bei uns keiner was. Hast sicher nur ein paar rostige Konservendosen gefunden. Kratz dir mal den Dreck unter den Fingernägeln weg. Vielleicht gibt dir der Altwarenhändler so viel dafür, dass du dir ein Taschentuch kaufen kannst.“

Wolf sagte nichts.

„Zieh mal deinen rechten Schuh aus!“

Wolf bückte sich hinunter. Da packte ihn der Lehrer im Nacken und drückte ihn tief.

„Nur nicht so stolz, der Herr, los, los!"

Wolf zog den Schuh aus. Die Kinder der hinteren Bänke reckten die Hälse.

„Was siehst du, Irmgard?"

„Da schaut der dicke Onkel durch, Herr Lehrer."

Alles prustete vor Lachen. Soll einer sagen, bei Lehrer Krusemann im Unterricht würde nicht gelacht!

„Und nun, Wolf, leer mal deine Taschen aus."

Wolf stand auf, stand da, an dem rechten Fuß nur den kaputten Socken. Er legte etwas Schnur auf den Schülertisch und ein paar Kieselsteine und ein Stück Kreide und einen Angelhaken und eine Brotrinde.

„Aha, Kreide!", sagte der Lehrer. „Das gibt eine Stunde Nachbrummen. Und was hast du in der Gesäßtasche?"

„Nichts", sagte Wolf.

„Hol's heraus!", sagte der Lehrer. Er wusste, dass er Wolf mit schmutzigen Fingernägeln oder der Taschentuchkontrolle nicht mehr treffen konnte.

„Nein", sagte Wolf.

„Du holst sie heraus", sagte der Lehrer, „und trägst sie nach vorn und steckst sie in den Ofen!" Er hatte jetzt ganz scharf und fordernd gesprochen. Er schrie nie. Aber wir wussten, dass er sich in hochgradiger Erregung befand.

Wolf sah nach unten und blieb stehen.

Der Lehrer zog den kleinen Stock aus dem Rockärmel. Er machte eine ganz kurze, schnelle Bewegung und hieb ihn Wolf über den linken Unterarm.

Wolf wusste Bescheid. Er fasste unter die Jacke und nahm aus der hinteren Hosentasche die Fletsche heraus. Er ging langsam nach vorn. In der Mitte des Ganges bekam er den zweiten Hieb.

Er nahm den gehäkelten Topflappen vom Haken. Zögernd öffnete er die Klappe des Ofens. Dann warf er die geschnitzte Fletsche mit dem kostbaren Gummi hinein.

„Komm her, mein Sohn", pfiff ihm der Lehrer zu, als Wolf gedemütigt auf dem Rückweg zu seinem Platz war. „Komm her. Du denkst doch nicht, dass wir barbarisches Verhalten ohne die angemessene Strafe lassen würden. Mit der Fletsche auf Hühner schießen! Oder gar bei anständigen Bürgern in die Fensterscheiben! Damit ist ein für alle Mal Schluss!"

Die fünf Stockhiebe in gebückter Haltung nahm Wolf hin, ohne dass wir einen Laut gehört hätten. Es war so still im Klassenraum, dass man das fünfmalige Zucken seines Gesichtes lauter zu hören glaubte als das Pfeifen des Stockes und sein Auftreffen auf den Hosenboden.

Das Schlimme daran war, dass es keine Huckleberry-Finn-Geschichte war. Es gab als Ausgleich für erlittene Pein kein Gefühl von Freiheit und Unabhängigkeit. Es gab auch keinen Schatz, der schließlich zu finden war. Kein Happy End. Es gab Not und einen Vater, von dem behauptet wurde, dass er gern trank, und der seine Kinder losschickte, damit sie ein paar Groschen nach Hause brachten. Anstatt Schularbeiten zu machen, musste Wolf auf der Kippe suchen. Aber wir wussten damals gar nicht mehr über ihn. Und was viel schlimmer war, für uns war alles selbstverständlich.

Wolf kam aus den Baracken am Steinbruch. Sie gehörten eigentlich nicht ins Dorf. Er war dreckig, dumm, faul sowieso. Er war aufsässig, wie der Lehrer sagte. Die Stockschläge waren nur spannend, ohne dass man viel Mitleid haben musste. Wolf war das ganz natürlich abschreckende Beispiel dafür, was einem geschieht, wenn man vom rechten Weg abweicht, ohne dass wir Angst haben mussten, auf eine solche Bahn zu geraten. Diese Möglichkeit lag so fern, dass die Strafe für uns nur eine symbolische Wirkung hatte. Wie die Androhung der Sintflut oder des Feuers und des Schwefels, die auf Sodom und Gomorra fielen, womit so schnell aber nicht zu rechnen war.

Das Gefühl einer Ungerechtigkeit befiel mich bei der Behandlung Wolfs nie. Es kam erst ganz vage auf, als es mich selbst traf.

Meine Schwester war geboren worden. An einem Dienstagmittag wollten wir die Mutter und das Schwesterchen abholen. Der Vater war schon vorausgefahren. Ich sollte eine Stunde eher aus der Schule entlassen werden, mit dem Bus zum Krankenhaus fahren, um dann die Kleine und die Mutter im Triumph nach Hause zu geleiten.

Vater hatte die ganze Woche über nicht vergessen, mich morgens zu kämmen, die Fingernägel zu säubern. Er steckte mir ein sauberes Taschentuch zu und wischte vor dem Abrücken in die Schule noch die Marmeladenreste von den Lippen. An dem besagten Dienstag zog er mir die Sonntagshose und die guten Schuhe an. Ich war aufgeregt.

In der Schule der Appell. Das Bein des Lehrers musste schmerzen, denn er blieb an diesem Morgen wie schon häufiger vorher vorn am Pult sitzen. Er kommandierte nur: „Taschentuch hochheben!"

Wir alle wedelten mit dem Schnupftuch. Sogar Wolf hielt irgendeinen Lappen in der Hand. Besonders den Mädchen machte diese Kontrolle große Freude. Sie wetteiferten darin, das weißeste und glatteste und mit den meisten Spitzen verzierte Taschentuch vorzuweisen.

Dann: „Wer hat heute morgen seine Schuhe nicht geputzt? Na?“

Obwohl es nicht gefordert wurde, drehten sich alle Schüler zum Gang und stellten bereitwillig die Füße ordentlich nebeneinander, zur Inspektion bereit. Aber der Lehrer wollte gar nicht nachsehen.

Mir schoss das Blut in die Wangen. Meine Knie begannen leicht zu zittern. Mein Arm, mit einem Zeigefinger an der Spitze, der diesmal nicht sicher und selbstbewusst gerade nach oben gerichtet war, ging zögernd in die Höhe. Die Schuhe hatte ich am Morgen nicht geputzt. Das war das Faktum. Ich trug zwar blitzblanke Schuhe, aber es waren meine Sonntagsschuhe, die natürlich nach dem letzten Tragen und nicht an diesem Morgen geputzt worden waren.

Wie recht ich damit hatte, die Frage des Lehrers eng und schematisch auszulegen, zeigte seine Reaktion. Er kam nicht auf die Idee, sich meine Schuhe anzusehen oder nachzufragen oder mir Gelegenheit zu einer Rechtfertigung zu geben. Er bedeutete mir nur mit einer kurzen seitwärts weisenden Bewegung des Fingers, mich neben meine Bank zu stellen.

„So, der Herr, mit ungeputzten Schuhen will er seine Schwester abholen. Welchen ersten Eindruck soll sie von unserem Ort bekommen? Dass hier der Liederjan und der Schmutzfink regieren? Ja, sind wir denn bei den Zigeunern? Dahin lassen wir es trotz aller Unsitte doch nicht kommen. Belohnen soll ich dich noch und dich früher gehen lassen? Zähl mir einmal die Bushaltestellen von hier bis Krummenerl auf!“ Und damit ging es zum normalen Unterricht über.

Die Angelegenheit hatte sich erledigt.

Irgendwie spürte ich dumpf, dass nicht nur meine Verfehlung schuld daran war, dass ich mit einer solchen Enttäuschung bestraft wurde. Allerdings konnte ich auch nicht so recht bei dem Lehrer einen Fehler entdecken. Die Sache machte mich zornig und wütend, aber auch unsicher. Erst bei einem zweiten, ähnlich gelagerten Fall kam Zweifel auf an der gottgewollten Allgewalt des Herrschers hinter dem Pult.

Ich hatte während des Unterrichts unter meine Bank gepinkelt. Nicht, dass ich in die Hose gemacht hätte, nein, ich hatte seitlich durch das Bein der kurzen Hose auf den Boden gemacht.

Wir sollten zehn Wörter mit dem großen W auf die Tafel schreiben, als ich nach dem dritten Wort dringend austreten musste. Ich meldete mich, doch der Lehrer tat es mit einer Armbewegung ab. Ich schrieb noch *Walter* und *Wurm*. Meine Schrift wurde wegen des Drucks auf die Blase schon zittrig. Aber auch als ich noch einmal den Versuch machte, dem Lehrer mein Verlangen anzuzeigen, wies er mich kurz zurück.

„Schreib! Keine Frage, keine Antwort."

Da es nicht aufzuschieben war, wählte ich die genannte Lösung, die zumindest ein Durchnässen der Hose verhinderte. Als der Lehrer bei der Kontrolle der W-Wörter die Lache unter meiner Bank entdeckte und nach kurzem Verhör von der ungewöhnlichen Entleerung meiner Blase erfuhr, sprach er mit zischelnder Stimme das Urteil: Ich hatte nach Unterrichtsschluss den Klassenraum feucht aufzuwischen. Ich musste in den nächsten vier Wochen vor Beginn jeder Stunde vorn am Pult vorsprechen und anzeigen, dass ich in der vorangegangenen Pause ordnungsgemäß die Toilette aufgesucht hatte.

Von diesem Vorfall an, bei dem ich so gut wie kein Verschulden meinerseits feststellen konnte, bröckelte das Image des Lehrers in meiner Einschätzung ab. Zwar blieb die Angst, aber der Respekt verschwand.

In einem gewissen Sinne sogar lächerlich machte er sich nicht nur in meinen Augen schon kurz darauf. Ich hatte meine Vorbehalte ihm gegenüber noch nicht verloren.

Der Lehrer sah bei den Schülern der vierten Klasse einen Hausaufsatz durch: *Was leistet der Bauer für die Gemeinschaft unseres Volkes?*

Er rümpfte plötzlich die Nase. Unzweifelhaft stank es.

„Wer war das?“

Die Worte waren kurz und scharf gesprochen. Der Blick in die Runde war stechend und die Strafe lag ihm schon auf der Zunge. Doch der Übeltäter meldete sich nicht.

„Ich habe gefragt, wer hier gefurzt hat!“

Wir beobachteten gespannt, was passierte. Die eindeutige Forderung seiner Frage ließ ein Zurückweichen nicht zu. Der sich mehr und mehr im Raum verziehende üble Geruch ließ einen Nachweis der Urheberschaft aber immer ungewisser erscheinen. Der Verursacher nahm offenbar immer mehr Abstand davon, seine Täterschaft einzugestehen.

Die gesamte Schülerschaft hatte die Arbeit eingestellt und die Aufmerksamkeit der unerbittlichen Erforschung dieser unerhörten, aber sich immer mehr verflüchtigenden Geruchsbelästigung zugewandt. Der Lehrer spürte, was auf dem Spiel stand, aber er verspielte doch alles.

„Die ersten Sechs raustreten, nach vorn!“, kommandierte er. Dann schritt er die Front ab, bückte sich zu jedem

Hosenboden und roch. Das Bücken machte ihm Mühe und sein Holzbein knatschte.

„Ich weiß jetzt, wer es war“, sagte er. „Setzt euch! Ich gebe dem Betreffenden noch Zeit bis heute Mittag um ein Uhr.“

Es war nicht so sehr die Tatsache, dass wir nie mehr etwas hörten, nie erfuhren, ob sich einer gemeldet hatte oder ob es nur ein Bluff des Lehrers gewesen war, sondern mehr der Umstand, dass der Lehrer die Parade der Schülerhintern abgenommen hatte, der meine Zweifel verstärkte.

Im Krieg hatte der Lehrer als Offizier gedient. In seinem Arbeitszimmer hing das Foto eines Zerstörers, auf dem er gefahren war. Er war bei der Marine gewesen, hatte ein Bein verloren und zwei Jahre Gefangenschaft hinter sich.

Dass es ein Kriterium gewesen sein könnte, wie er zu der Nazi-Herrschaft und deren Methoden gestanden hatte, haben wir Kinder nicht gewusst und nicht begreifen können. Aber als er an den Hintern roch, um die Stärke seiner Macht zu demonstrieren, ist mir schon als Kind einiges klar geworden. Vieles erschien mir von nun an in einem anderen Licht.

3 DIE HOCHZEIT

Tante Waltraut wollte wieder heiraten. Der Krieg, aus dem ihr erster Mann nicht wieder zurückgekommen war, war jetzt fast acht Jahre vorbei. Lang genug, dass es keinen Beckmann geben konnte, der plötzlich einen Fremden, einen anderen, an ihrem Küchentisch vorfand. Sie war lange allein gewesen, die ganzen schlimmen Nachkriegsjahre. Hatte für ihre Tochter gesorgt. Wer will ihr einen Vorwurf machen? Sie hatte immer gewartet und oft geweint. Sie war doch noch jung, noch lange keine vierzig Jahre alt. Und ihr Kind konnte auch einen Vater gebrauchen.

Damals war sie kaum mehr als zwanzig gewesen. Sie hatte ihn lange umarmt, dann auf der Treppe vor dem Haus gestanden und ihm zum Abschied gewinkt, als er ziemlich stolz von dannen zog. Kurz bevor er unten die Straße erreichte, war sie noch einmal los- und ihm nachgerannt.

„Warte, warte, noch einen Kuss!"

Ihr Herz schlug bis zum Hals, und sie war auch ein bisschen stolz. Aber sie rechnete einfach nicht damit, dass er ihr das antun würde: nicht zurückzukommen.

Als er im Sommer 1942 wegen der Geburt der Tochter zum letzten Mal Heimaturlaub bekam, sah schon alles ganz anders aus. Aber man schwieg besser. Wenn der Schreiner aus dem Unterdorf seine Reden hielt, Hitlers Reich pries, das vom Eismeer bis in den Kaukasus, von der spanischen Grenze bis nach Stalingrad reichte, dann drehte sich nicht nur Tante Waltrauts Mann ab. Fast alle wussten es inzwischen besser. Vielen war dieses gigantische Ausmaß schon unheimlich geworden. Aber wer wagte es, eine Stimme der Kritik zu erheben? Der Onkel hatte den Winterkrieg 1941 miterlebt, aber er sprach kaum darüber. Seine Medaille *Winterschlacht im Osten* hatte er nur kurz seiner Frau gezeigt und dann in einer Schreibtischschublade vergraben. Er saß in sich gekehrt in Volmerhaus' Gasthaus an der Theke und schwieg. Die gefallenen Kameraden stiegen immer wieder vor seinen Augen auf. Er konnte nicht darüber sprechen, was mit den Russen und Polen geschehen war, was er über die Vernichtung der russischen Juden wusste. Aber alle merkten, dass er, anstatt zu sprechen, immer mehr Bier trank. Nur ganz selten äußerte er sich im vertrauten Kreis, machte ein paar Andeutungen:

Schlamm, in dem alles festsaß, keine Winterkleidung, das Öl in den Panzern gefror, die Waffen nicht mehr einsatzfähig.

„Stell dir vor, Waltraut, es gab wesentlich mehr Erfrierungen als Verwundete. Ich glaube fast eher, der Herrgott hat unsere Überheblichkeit gestraft, als der Feind uns besiegt."

Natürlich waren das nicht die letzten Worte, die er zu Tante Waltraut gesprochen hatte. Aber immer wieder war es ihr so erschienen, bis dieser Satz schließlich zu einer fixen Manie wurde, die sie jahrelang bei allen nur erdenklichen Gelegenheiten wiederholte: „Bei seinem letzten Heimaturlaub schon hat mein vermisster Ehemann beim Abschied gesagt: ‚Ich glaube eher, der Herrgott hat uns gestraft, als der Feind uns besiegt.'"

Jetzt fand die neue Hochzeit statt. Waltrauts Schwester Suse, meine Mutter, hatte die größere Wohnung. Deshalb wurde bei uns gefeiert.

Herwart, der 50-jährige Bräutigam, Finanzbeamter mit gesicherter Pension, rauchte gern eine dicke Zigarre. Er hatte kaum noch Verwandte, zwei Kusinen in Oldenburg und einen übriggebliebenen Schwager, zu denen er aber keinen Kontakt mehr hatte. Von meiner Familie hatte sich eine große Zahl von Gästen angesagt. Einige kannte ich noch nicht einmal.

Wir Kinder fieberten der Feier entgegen, denn es waren Berge von Salzstangen eingekauft worden. Da wir an der Feier teilnehmen durften, war auf reiche Beute zu hoffen.

Sonst gab es immer nur ein Päckchen Salzstangen, wenn alle vier Wochen das Konditorehepaar Spratte zum Canastaabend eingeladen wurde. Zwei oder drei Salzstangen legte meine Mutter dann beiseite, stellte sie nach dem Fortgang der Gäste in das mit Bast umwickelte Salzstangenglas. Wenn ich am Sonntagmorgen früh aufwachte und ins Wohnzimmer schlich, fand ich die vermeintlichen Überreste des Spielabends, ohne zu ahnen, dass es nur der wohlmeinenden Fürsorge meiner Mutter zu verdanken war, dass ich noch etwas von der Knabberleckerei vorfand.

Heute Abend Salzstangen satt! Und von Kösters waren vier Kästen Sprudel gebracht worden, drei mit und einer ohne Geschmack! Das versprach, eine richtige Feier zu werden. Für die Erwachsenen gab es Bier und Bowle. Ich half meiner Mutter, die Pfirsiche aus der Dose in kleine Stücke zu schneiden. Vater hatte gesagt: „Da braucht man nicht so guten Wein zu nehmen, und es schmeckt doch. Und dann kommt noch ein schöner Schuss Schnaps hinein. Was meint ihr, was das Stimmung bringt!"

Tante Waltraut schien schon am Nachmittag beim Salatschnibbeln richtig aufgekratzt.

„Wie eine junge Braut", stichelte ihre Schwester Anna. „Wann werdet ihr euch denn zurückziehen? Doch sicherlich erst nach dem Abendessen, wie ich deinen Herwart kenne. Der wird sich doch die guten Salate und die Koteletts nicht entgehen lassen."

Waltraut warf mit einer halben Gewürzgurke nach ihr. Die platschte in die Mayonnaise, die Anna gerade rührte.

„Wenn du mir mein Kleid versaust", rief diese, „kannst du heute Abend alleine feiern!"

„Das Kleid ist eh von mir ausgeliehen", mischte sich Pia, die vierte Schwester, ein. „Ihr könnt euch einigen, wer die Reinigung übernimmt."

Mein Vater kam in die Küche, wo sich die Stimmen der Schwestern überschlugen.

„Hier ist die Stimmung ja eigentlich schon gut genug, ich glaube nicht, dass ihr noch einen Eierlikör braucht.“ Und er drehte sich ab und wollte scheinbar die Küche wieder verlassen.

„Dann gehe ich wieder zu Herwart in die Stube.“

Aber Pia hielt ihn an der Jacke fest.

„Wälterchen, komm, wer so viele schöne Schwägerinnen hat, soll sie nicht im Trocknen sitzen lassen.“

„Gut, dass ich euch liebreizende Wesen noch nicht kannte, als ich meine Suse kennengelernt habe, sonst wäre eine Entscheidung sicher gar nicht möglich gewesen.“

Alle salatschnibbelnden Schwestern johlten auf und tranken dann den von Walter spendierten Eierlikör und leckten mit langen Zungen die Gläser aus und wollten später noch einen trinken.

„Werden auch die Bauchversorger kommen?“, fragte Anna.

„Na, wenn es ohne die ginge, müssten wir ja nicht so viele Kartoffeln in den Salat schneiden“, antwortete meine Mutter. „Seid beruhigt, sie werden nicht fehlen.“

Die angesprochenen Bauchversorger waren entfernte Verwandte von der Seite meines Vaters aus dem Bergischen Land. Sie waren auf jeder Feier gern gesehen, weil sie neben ihrem Hunger Spaß und Stimmung mitbrachten. Insbesondere Onkel Hans, der zu jedem Anlass ein mindestens zwanzig Strophen langes und sich mehr oder weniger tadellos reimendes Versepos verfasste. Es wurde nach der Hauptmahlzeit, wenn er sich in erstaunlich ausladender Weise den Bauch versorgt hatte, mit immer noch ruhiger Zunge vorgetragen. Daraufhin lachte man meist so heftig, dass durch die Erschütterung jedweder Bereich des Zwerchfells bis in die untersten Magengegenden so bewegt wurde, dass plötzlich wieder Platz für den klumpigen Schokoladenpudding, süßen Birnenkompott oder anderen Nachtisch war. Gern war Hans dann im weiteren Verlauf des Abends auch nach nur punktuell geäußerten Wünschen bereit, sein gereimtes Elaborat als Dakapo noch ein oder mehrmals zum Besten zu geben. War besonders reichlich Schnaps in der Bowle, wurde der Vortrag auch wirklich jedes Mal besser und schließlich fast von der gesamten Gästeschar als vorzüglich angenommen.

Der Gehilfe von Kösters Gaststätte kam jetzt mit einer Schubkarre die paar Schritte des Weges herauf und lieferte eine halbe Stange Eis. Mein Vater nahm sie in Empfang. Er beförderte sie in eine große Zinkwanne, schlug sie in mehrere Stücke und alles, was bis zum Abend gekühlt werden musste, wurde darum herum platziert.

Meine Mutter hatte die Oberaufsicht. Sie hatte alles im Blick, was mit Essen und Getränken zu tun hatte.

Dann bemerkte sie, dass Waltraut weder in der Küche noch in der Stube zu sehen war. Sie wischte sich mit der Hand über die Stirn und blieb kurz stehen. Die anderen lachten und waren jetzt bei dem zweiten Eierlikör.

Sie fand ihre Schwester schließlich hinter dem Haus. Sie saß auf dem Holzstoß unter dem Schlafzimmerfenster und weinte. Meine Mutter setzte sich neben sie, seufzte und legte einen Arm um sie.

„Waltraut, ist es nicht ein glücklicher Tag für dich?“

Diese wischte sich die Tränen von den Wangen und legte ihren Kopf an die Schulter ihrer Schwester. Sie saßen eine Zeitlang stumm da.

„Ich verstehe dich ja“, sagte meine Mutter, „aber du musst nach vorne blicken.“

„Ist es denn richtig, was ich tue?“

Sie begann wieder zu weinen.

Der Hund vom Bauern kam um die Ecke geschlichen und rieb sich etwas an ihren Beinen, als wollte auch er trösten. Waltraut strich ihm mit der Hand über den Kopf.

Dann sprang sie plötzlich auf und es sprudelte aus ihr heraus: „Ja, ich weiß schon, ich muss an mein Kind denken, wir müssen versorgt sein, ich darf nicht undankbar sein, das Leben geht weiter, jeder bringt seine Opfer, Kopf hoch, nicht ewig nachtrauern, nicht verbittert sein! Ich weiß, ich weiß, ich weiß.“

Sie warf den Kopf in den Nacken. Sie blickte ihrer Schwester dann trotzig ins Gesicht: „Aber was sagt mein Herz dazu?“

Sie stand auf und ging los, in Richtung der kleinen Brücke über den Bach. Suse konnte ihr kaum folgen.

„Warte, Waltraut, warte.“

Sie gingen jetzt langsamer.

„Meinst du denn“, sagte meine Mutter, „du bist die Einzige, die es schwer hat im Leben? Im Dorf gibt es insgesamt drei Gefallene. Und in Windebruch werden immer noch welche vermisst. Jetzt reiß dich mal zusammen. Der eine kommt mit dem Holzbein zurück. Der andere kommt gar nicht mehr. Der dritte ist vom Krieg so verbittert und verstört, dass er nur noch säuft oder seine Familie schlägt oder beides. Du machst mich richtig wütend!“

Waltraut ließ sich in die Hocke sinken. Jetzt schluchzte sie heftig.

Der Hund war ihnen nachgelaufen, hatte einen kurzen Stock im Maul und forderte sie auf zu spielen.

„Hau ab", sagte Waltraut und gab ihm einen Stoß.

Meine Mutter sagte streng: „Na, dann werde ich jetzt wohl gehen müssen, um die Feier abzusagen."

„Bitte versteh mich doch", weinte Waltraut, „gib mir noch etwas Zeit. Er ist ja ein guter Mann. Ich werde schon lernen, ihn zu mögen."

4 DIE RAUBVÖGEL

Von unserem Haus aus konnte man Kösters Laden mit ein paar Schritten erreichen. Er übte auf mich eine magische Anziehungskraft aus. Hier gab es kleine Kirschlutscher mit grünem Stiel, Veilchenpastillen und Zitronenbonbons in großen Gläsern. Später hatten sie sogar „Negerküsse", die unter einer Glocke neben der Kasse standen und den höchsten Grad der Begierde hervorriefen.

Der Laden war im Wesentlichen ausgerichtet auf unverpackte Waren: Mehl, Reis, Zucker, die in großen, nach oben hin offenen Fächern in einer Schrankwand lagerten. Bei Bedarf wurde das Gewünschte in braune, steife Papiertüten abgepackt und gewogen. Es gab Apfelsaft, von dem ich durch Zusehen wusste, dass er aus einer Presse im Hof stammte. Als Bedienung kam, wenn die Glocke beim Öffnen der Ladentür läutete, eine der beiden Töchter aus dem Schankraum der Gaststätte oder aus der Küche, die angeschlossen war. Nein, eigentlich hatte ich mehr den Eindruck, der Verkaufsladen sei angeschlossen, denn ich lernte die Örtlichkeit zunächst von hinten kennen.

Von unserem Haus aus führte der Weg die paar Meter hinunter über einen kleinen Vorplatz direkt in die Küche.

Die Tür stand meist offen. Die alte Frau Köster kam heraus und warf den Hühnern und dem Hahn ein, zwei Hände voll Körner hin.

„Na, komm, mein Junge“, sagte sie, nahm mich an die Hand und zog mich in die Küche. Ich saß dann auf der mächtigen Eckbank hinter dem breiten, dunkelbraunen Tisch und sie setzte mir gezuckerte Johannisbeeren vor. Die beiden Töchter Martha und Annemarie schälten immer Kartoffeln oder machten den Abwasch oder scheuerten die Fliesen. Auf ein gedämpftes Klingelzeichen hin verschwanden sie durch die hintere Tür in die Gaststätte. Wenn es sehr hell in der Küche klingelte, musste eine der beiden in den Kaufmannsladen gehen. Aber diese Zusammenhänge von Örtlichkeit und Personal durchschaute ich erst später.

Den Laden betrat ich bewusst zum ersten Mal mit meiner Mutter, als sie eine Vanillestange zum Aufsetzen von Beerenschnaps kaufen wollte. Annemarie bot ihr dann Sanella-Margarine an, bei deren Kauf wir exklusiv und gratis kleine weißliche Figuren bekommen konnten: ein Kamel, einen Steinbock, ein Nilpferd oder eine Palme. Ich wählte bei unserem ersten Kauf das Nilpferd. Das war exotisch und ein bisschen unheimlich.

Außerdem wusste meine Mutter zu erzählen, dass in der Lade links am Fenster, in der sich das Speisesalz befand, Martha einmal mit dem Hintern steckengeblieben war. Nur mit Hilfe des Schusters von gegenüber konnte sie wieder befreit werden. Diesen Hintern habe ich seitdem stets eher argwöhnisch betrachtet.

Annemarie war ohne Zweifel die hübschere der beiden Köster-Töchter. Marthas Wangen waren gesund und rot. Ihre Oberarme, die aus dem kurzärmeligen Kittel schauten, waren fleischig und kräftig. Ihre Schenkel unter dem braunen

Leinenrock mit der täglich wechselnden Schürze werden nicht anders gewesen sein. Annemarie war ein wenig blasser, ein wenig schlanker und ein wenig graziler in ihren Bewegungen.

Das bemerkte auch Pierre, ein leidenschaftlicher Angler aus Saint-Nazaire in Frankreich. Er trug einen schwarzen Schnurrbart und eine Baskenmütze wie aus dem Bilderbuch. Beim Sängerfest im letzten Jahr zeigte er im Trinken außergewöhnliche Standhaftigkeit und saß noch in der Gaststube, als alle anderen schon schwankend auf dem Weg nach Hause waren. Nachdem Annemarie das letzte Glas gespült hatte und so müde war, dass sie kaum die Treppe hinauf zum Schlafzimmer gelangte, half ihr Pierre nach oben. Ihre ebenfalls sehr festen Schenkel, die er sich zu umgreifen getraute, hatte er auch nach der Ausnüchterung am nächsten Morgen nicht vergessen.

Annemaries Schönheit blühte auf, mehr denn je. Ihre Augen leuchteten, die Brust wölbte sich und erreichte in ihrer Größe fast die von Martha. Jedes Mal in den nächsten Wochen, wenn ich in ihre Küche trat, nahm mich Annemarie in die Arme, hob mich hoch und drückte mich an diese aufgeblühten Brüste.

Pierre vergaß über dem Blau von Annemaries Augen die Straßencafés von Saint-Nazaire. Mehr und mehr schätzte er, angeregt von Annemaries Schenkeln, die deutsche Bodenständigkeit. Nach drei Monaten sprach er im schwarzen Anzug an einem Sonntagmorgen beim alten Köster wegen der Verlobung vor, heiratete Annemarie schließlich, noch bevor man die zu erwartenden Umstände zu deutlich sah, und eröffnete im Laden der Kösters eine kleine Abteilung für Anglerbedarf.

Wie er Anfang der fünfziger Jahre in dieses kleine Sauerländer Dorf gekommen war, schien fortan niemanden mehr zu interessieren. Meist saß er neben der Tür im Schankraum des Hauses seiner Schwiegereltern. Er trank zwar, für alle Dorfbewohner unverständlich, nur Rotwein, wusste aber manch wertvollen Tipp zu geben, wie man auf den Hecht geht oder wie für den Laichbestand in der Sperre zu sorgen sei.

Als die Schwester in den letzten Wochen der Schwangerschaft auf Anraten der Ärzte fast ständig das Bett hütete, versorgte Martha notgedrungen Haushalt, Gaststätte und Geschäft fast allein. Manchmal saß sie in der Zeit kurz nach Mittag, wenn es ein wenig ruhiger war, am großen Tisch in der Küche. Sie lachte nicht mehr so schallend heraus, wenn sie selbst einen kleinen Scherz gemacht hatte. Und sie schwieg ganz, wenn sich Pierre mal in die Küche verirrte. Sie strich mir übers Haar und sah aus dem Fenster, den Weg hinauf zum Hof des Dahlhaus-Bauern.

„Ich könnt jetzt auch schon einen Jungen haben“, sagte sie, „keinen vom Franzos, nein, einen richtigen Bauernsohn, einen echten.“

Und sie zog mich herüber und drückte mich in ihren Arm.

„Wie die Raubvögel fallen sie über unsereins her, greifen zu, packen uns, und nachher schwingen sie sich wieder in die Lüfte.“

Martha hielt mich fest umschlossen. Ihr Blick ging über meinen Kopf hinweg aus dem Fenster.

„Gesprungen bin ich damals. Immer vom Tisch auf den Steinboden. Er wollt’s ja nicht, er konnt’s ja nicht wollen. Und er hat auch die Engelmacherin bezahlt, nur damit ich’s nicht austrag. Aber ein Prachtbursche wär’s geworden.“

Und von dem Weg zum Hof und an den Pappeln entlang der Wiese wanderten ihre Augen hinauf in den blauen Himmel und noch höher.

„Der Bub wird oben sitzen und uns sehn. Er wird wissen, dass ich's nicht war, der ihn nicht gewollt hat.“

Das Kind von Annemarie wurde Ende April erwartet. Zum letzten Mal vor der Niederkunft und seit langem wieder sah ich sie, als ich nach der Schule mit meinem Tornister an der Kösterschen Küche vorbei nach Hause ging. Annemarie schob aus der Küchentür heraus einen Bauch vor sich her, der mir in seiner Mächtigkeit Angst machte. Die Arme, die rechts und links von diesem Monstrum auf mich zukamen und mich heranziehen wollten, mussten zwar die von Annemarie sein. Aber dieser überdimensionale Kugelbauch stand offensichtlich kurz vor dem Platzen. Ich drückte abwehrend meine Hände dagegen, hielt mir dann die Ohren zu, im gleichen Moment den Knall einer Explosion erwartend. Als diese nicht eintrat, reagierte ich blitzschnell, stieß mich mit beiden Händen von der harten Wölbung ab und rannte panisch den Weg hinauf zu unserer Wohnung oben im ehemaligen Gesindehaus des Bauern.

Nach diesem Ereignis machte ich in den nächsten Tagen vorsichtshalber einen großen Bogen um den Eingang zur Kösterschen Küche und drückte mich auf dem Nachhauseweg links am Wegrand vorbei, möglichst weit von der gefahrvollen Öffnung zur Küche entfernt. Hier lag in einer kleinen Einbuchtung des beginnenden Hanges der Hühnerstall von Vater Köster. Die Hühner und ein grauer, im Schwanzgefieder rot und braun gescheckter Hahn hatten freien Zugang zum Hof und pickten von dem Gras am Rande des Weges. Mich interessierte das Federvieh nicht sonderlich.

Es war schon morgens ein ziemlich warmer Tag, als ich erwartungsfroh den Tornister aufsetzte, denn der Lehrer hatte angekündigt, uns von den Greif- und Raubvögeln zu erzählen. Das interessierte mich brennend. In der Haustür gab mir meine Mutter die zweite Hälfte der Marmeladenschnitte in die Hand und sagte: „Iss, und denk an die Annemarie. Seit sechs ist die Hebamme schon da."

Vor Kösters Hühnerstall warf ich den Rest meines angebissenen Brotes den Hühnern hin und rannte den Weg zur Schule.

Der Lehrer zeigte uns einen ausgestopften Habicht. Er verwies in seinem Vortrag besonders auf die scharfen Krallen an den Füßen und pochte mit dem Zeigestock auf eine Schautafel, die die Flugbilder der heimischen Raubvögel zeigte.

„Aber nur wer sehr geübt ist, kann sie wirklich erkennen und auseinanderhalten", sagte er.

Dann mittags die Schreie und das Blut. Jetzt hatte sich eine enorme Hitze ausgebreitet, als ich aus der Schule heimging. Oben aus dem geöffneten Schlafzimmerfenster schrie es. Ich stand wie erstarrt und sah hinauf. Der Habicht verfolgt seine Beute bis in den dichten Raum des Waldes und packt sie mit seinen scharfen Krallen. Fliegt er wirklich auch in die Schlafzimmerfenster und hackt die wehrlosen Frauen im Schlaf? Oder versucht er gar, den Müttern ihre Kinder zu entreißen?

„Pressen, nur noch einmal pressen!", hörte ich eine schrille Stimme aus dem Fenster. Ich drückte mich zurück gegen den Bretterverschlag des Hühnerstalls.

„Luft anhalten! Pressen, pressen!"

Ich wagte nicht zu atmen und trommelte mit den Fäusten nach hinten gegen das Holz.

Und Annemarie schrie.

Da kam der Hahn auf mich zu. Er plusterte sich auf in seinem Grau und Rot und Braun und schlug mit den Flügeln und rannte los, bevor ich zu rennen anfing. Er flatterte hoch und sprang mir auf die Schulter, kämpfte gegen meine schlagenden Arme an und hieb mir den spitzen Schnabel in die Wange. Einmal, zweimal. Blut und Schreie. Er war der Komplize des Habichts, den ich durchschaut hatte.

Dann stand der Dahlhaus-Bauer plötzlich vor mir, und der Hahn suchte flügelschlagend das Weite.

„Dieses Biest!“, schrie er. „Den Kopf ab, den Kopf ab dem Vieh!“

Der Bauer nahm seine Kappe vom Kopf und sah zum Fenster hinauf. Hitze stand in der Luft. Ringsum war es plötzlich still geworden. Seine Stimme war mächtig und laut über den Hof geschallt.

„Jaja, das Kind vom Franzosen“, sagte er jetzt.

Er wischte sich über die Stirn wie einer, den man ertappt hat. Er stand da wie einer, auf den sich plötzlich und unvermutet alle Finger richten. Aber nur ich blickte ihn an. In der Stille hörte man von oben das kraftvolle Atmen, das kurz hervorgestoßen wurde, und eher ein Stöhnen war, jedes Mal mit aller Last die Befreiung suchend. In meiner Angst wollte ich nur nach Hause.

Plötzlich war meine Mutter da. Die Aufregung war groß. Kaum hatte sie mich in die Arme genommen und mit einem Taschentuch die blutenden Wunden der Hahnenbisse notdürftig gestillt, stand der Dahlhaus-Bauer neben ihr. Er war jetzt wieder wild entschlossen, schon mit einem Beil in der Hand, und wollte den Tod des kindergefährlichen Hahns. Mutter, Bauer und Beil gingen energisch den Weg hinunter, forderten vom Köster den Übeltäter.

Meine Wunden wurden noch mit dem Taschentuch getupft. Der alte Köster packte den Hahn, sagte kein Wort und hielt ihn über den Hauklotz. Er schaute dem Dahlhaus-Bauern eiskalt ins Gesicht, und der schlug zu. Der Kopf fiel hinunter und der zappelnde Leib entglitt der haltenden Hand und rannte extatisch getrieben, besinnungslos und irrwitzig zuckend und hakenschlagend in den aufstäubenden Dreck des Weges.

„Ein Mädchen, es ist ein Mädchen!“, rief oben die Hebamme aus dem Fenster.

Ich blickte auf den abgeschlagenen Hahnenkopf, sah das blutige Beil, das der Dahlhaus-Bauer noch in der Hand hielt, dachte an die Habichte und Bussarde, an den Buben von Martha im Himmel, an den harten, beängstigenden Bauch von Annemarie und berührte mit der Hand meine brennende Wange. Dann wandte ich mich dem Maschendraht zu und musste mich übergeben.

Während Pierre, der stolze Vater, den Bauern in die Gaststube zog, wo sie den Rest des Tages bei Bier und Wein saßen, das ihnen Martha brachte, führte mich die Mutter an der Hand den Weg nach Hause hinauf. Sie erzählte mir von der Gnade, die es bedeute, ein Baby zu empfangen.

5 DIE BLASKAPELLE

Mein Vater arbeitete bei der Verkehrsgemeinschaft in Meinerzhagen. Er hatte einen wichtigen Posten in der Verwaltung. Er hatte alles zu regeln, was mit dem öffentlichen Nahverkehr zu tun hatte. Die knapp 15 Kilometer zu seiner Arbeit durfte er von Hunswinkel aus mit dem Bus sogar umsonst fahren. Manchmal nahm er mich mit. Ohne Fahrschein!

Im Dorf war er besonders beliebt, weil er ein ausgezeichneter Klavierspieler war. Bei jeder Feier im Saal von Volmerhaus musste er sich zu vorgerückter Stunde vor die Tasten setzen und spielen. *Ich hab das Fräulein Helen baden sehn* war dann immer das absolute Lieblingslied. Er spielte und stimmte an und dann sangen alle begeistert mit:

Ich hab das Fräul'n Helen baden sehn, das war schön.
Da kann man Waden sehn, rund und schön im Wasser stehn.
Und wenn sie ungeschickt tief sich bückt – so,
da sieht man ganz genau bei der Frau – oh!
Ich hab das Fräul'n Helen baden sehn, das war schön.
Da kann man Waden sehn, rund und schön im Wasser stehn.
Man fühlt erst dann sich als Mann,
wenn man beim Baden gehn Waden sehen kann.

Mir war es beim ersten Mal etwas peinlich, als ich die Vorführung mitbekam. Aber wie sie alle, der Bauer, der Lehrer, der Polizist und auch der Straßenwart applaudierten und meinem Vater auf die Schulter schlugen, war ich doch ein wenig stolz auf ihn. Bei den Vereinsabenden war er der stets gesuchte Mann.

In der Listertaler Blaskapelle Concordia 1904 e. V. konnte man ihn als Klavierspieler zwar nicht so gut gebrauchen, aber er spielte auch leidlich Klarinette. Für eigene Solopassagen reichte es zwar kaum, aber eine verzierende Funktion konnte er schon erfüllen.

Bei der Grundsteinlegung für die neue Scheune von Bauer Oberste Werbeck in Eseloh hatte die Blaskapelle einen großen und beachteten Auftritt. Der Reporter von der

Sauerländer Rundschau bescheinigte den vierzehn Musikern mit ihren goldblitzenden Instrumenten und den hellgrünen und silberbordig verzierten Jacken *eine Harmonie in der Ausstrahlung, die den geneigten Zuhörer über das Ohr bis in das Herz trifft.*

Auch die gemeine Volksseele erfreute sich an den Posaunen- und Schellenbaumklängen so, *dass es neben anerkennendem Kopfnicken und langem Händerühren am Ende des Vortrags auch ab und an eine Träne gab, die verstohlen ein Auge verließ, wenn beispielsweise die* Alten Kameraden *oder das* Ännchen von Tharau *mit aller zur Verfügung stehenden Inbrunst zu Gehör gebracht wurde.*

Umso erstaunlicher und bedenklicher war es für den außenstehenden Beobachter, als ausgerechnet im Anschluss an die feierliche Begehung eines Begräbnisses eine nicht erwartete, plötzliche Verstimmung zutage trat. Einige befürchteten, in der Dorfgemeinschaft könne ein tiefer Spalt dauerhaft zurückbleiben.

Mariechen Kück wurde zu Grabe getragen. Es war, wie man zu sagen pflegte, eine große Leiche zu erwarten, das heißt ein großer Trauerzug mit vielen Ehrengästen. Zu recht, wie meine Eltern mir beim Ankleiden der langen Sonntagshose und des weißen Hemdes mehrfach versicherten.

Mariechen Kück war meine Patentante gewesen. Sie war außerdem eine herzensgute Frau. Sie hatte den Kriegsgefangenen heimlich mal ein Stück Speck oder ein paar hartgekochte Eier zugesteckt. Das war nicht ungefährlich, wie später einige vormals Unentschlossene und Ängstliche anerkennend sagten.

An ihrem Geburtstag gab es einen ganzen Tisch voll selbstgebackener Tortenböden, die sie mit frischem Obst aus dem

Garten belegt hatte. Zwar hatte sie kein großes, feinfühliges Konditorgeschick, aber eine freigebige und wohlwollende Gesinnung. Zwischen dem Glattstreichen der etwas dünnflüssigen und reichlich gezuckerten Sahne auf den Oberflächen der Torten hatte sie noch eine Hand frei, um mir über den Kopf zu streichen.

„Junge, iss von den schwarzen Johannisbeeren. Die sind vielleicht nicht so süß, aber die haben viele Vitamine. Nur iss nicht zu viel Kuchen, damit heute Abend noch ein Speckbrot reinpasst."

Besonders wegen der Speckbrote waren meine Eltern froh, als sie 1947 Tante Mariechen als Patin für mich gewinnen konnten.

Jetzt war sie tot. Es war für den kleinen Jungen das erste Mal, dass er damit konfrontiert wurde, dass einfach jemand nicht mehr da war. Von einem Tag auf den anderen.

„Hat sie das denn selbst gewollt?" Ich blickte meine Mutter an.

„Nein, danach wird man nicht gefragt."

„Hat sie nicht an Gott geglaubt? War das die Strafe?"

„Nein", sagte meine Mutter, „damit hat das nichts zu tun. Jeder Mensch muss sterben."

So war das. So einfach hatte meine Mutter das gesagt. Ich war entsetzt und trug den Satz tagelang mit mir herum. Jeder Mensch muss sterben.

Aber das konnte nicht sein. Opa Hoff oben aus dem Siepen war doch schon einhundert oder zweihundert Jahre alt. Der lebte immer noch. Und Ottomar hatte auch die zerfetzende Kartoffelsortiermaschine überlebt.

Außerdem: Wenn es stimmte, müssten ja auch meine Eltern sterben! Und ich selbst? Bei solchen Gedanken begann zum ersten Mal der Boden unter meinen Füßen zu schwanken.

Jedenfalls war Tante Mariechen nicht mehr da. Sie sagten, sie sei tot. Meine Mutter hatte mir ja die lange Sonntagshose angezogen. Das war das sicherste Zeichen. Ich durfte mich nicht mehr schmutzig machen bis zur Beerdigung.

Die Blaskapelle spielte einfühlsam, getragen und bewusst. Nicht nur deshalb, weil Mariechen bei den Schützenfesten so manche Runde für die durstigen Musikanten hatte springen lassen. Nein, sie wurde von allen geliebt – so schien es jedenfalls bis dahin.

Sogar die Ansprache des Pfarrers, der sonst eher hölzern und abgehoben sprach, hatte, von den Moderato-Klängen der Bläser inspiriert, etwas Warmes und Beruhigendes.

Die drei Schaufeln Erde wurden geworfen. Auch Blumen oder Tannensträußchen, mit einer Nelke zusammengebunden. Hundertfach.

Und man dachte an Mariechen, wie sie immer so tief und herzlich gelacht hatte. Wie sie für jeden da gewesen war. Und meine Eltern erzählten mir später, dass sie die Erste gewesen sei, die einen Fernsehapparat gekauft hatte, und immer beim Mainzer Karneval das *Heile, heile Gänschen* nur mit Tränen in den Augen habe sehen können.

Gegen Ende der Beerdigung hatte es zu regnen begonnen. Viele der Trauergäste standen nicht mehr auf dem rasenbedeckten Teil des kleinen Friedhofs. Ihre Schuhe versanken bald in dem sich durch den sintflutartigen Regen schnell bildenden Matsch. Zugunsten eines Ausbaus des Sportplatzes hatte die Gemeindeversammlung im vorletzten Herbst gegen das Verlegen eines Plattenweges auf dem Friedhof gestimmt.

Der Pfarrer sprach in Eile noch den Segen. Die Blaskapelle hatte noch einen Trauermarsch zu intonieren. Ich beobachtete meinen Vater, wie ihm während des Spiels das Regenwasser über das Gesicht lief. Aber er blies tapfer weiter.

Da zeigten sich die ersten Anzeichen dieses Haarrisses in der nach außen fest gefügt erscheinenden Dorfgemeinschaft.

Der Dahlhaus-Bauer und der Schreiner und das Wirtsehepaar waren die Ersten, die nicht nur ob der widrigen Witterungsverhältnisse die Kragen hochschlugen. Sie verließen vorzeitig die Gemeinschaft der Trauernden, um irgendwo im Trockenen Zuflucht zu suchen.

Der Pfarrer schloss sich ihnen bald an. Er verzichtete darauf, der kondolierenden Dorfgemeinschaft durch seinen Beistand weiterhin die nötige christliche Tiefe zu geben. Und als der Regen sich noch verstärkte, gingen eiligen Schrittes auch etliche andere der Dorfbewohner, bevor die Blaskapelle zum Ende gekommen war.

Später entwickelte sich aus diesem Vorfall ein regelrechter Streit. Einige der Kritiker glaubten, feststellen zu können, dass in erster Linie diejenigen die Begräbnisfeier unter dem Vorwand des Regens verlassen hatten, die schon immer Mariechens mangelnden Einsatz für die nationale Sache und die Volksgemeinschaft kritisiert hatten. Solche Leute hatten schon früher das Verständnis der Verstorbenen für die Drückeberger, die Querulanten und die Volksfeinde angeprangert. Von der anderen Seite wurde dies als böswillige und infame Unterstellung entschieden zurückgewiesen.

Einige der Instrumentalisten fürchteten für ihr feinmetallisches Gerät. Sie gaben zunächst dem Kapellmeister Gottlieb Rodemann noch zögernde Zeichen. Doch dieser ignorierte sie mit seiner hoch in den bald strömenden Regen erhobenen

Nase und seinen strahlend blauen, in den grauen Himmel gerichteten Augen.

Die große Nase und seine frühe Mitgliedschaft bei den Sozialdemokraten hatten ihn einst um eine schon ziemlich aussichtsreich erscheinende Verlobung mit der Tochter des Bauunternehmers aus der Kreisstadt gebracht. Aber die stechend blauen Augen hatten letztendlich seine Autorität innerhalb der Listertaler Blaskapelle begründet. Es gab Mitglieder, die beispielsweise auf dem Flügelhorn die tieferen Tonlagen satter blasen konnten als Gottlieb Rodemann. Aber sein absolutes Gehör setzte er selbstbewusst als Begründung für seine alles vernichtenden Blicke bei falschem Intonieren ein. Und das brachte ihm nach kurzer Zeit in musikalischer Sicht die unangefochtene Anerkennung aller aktiven Mitglieder.

Die Leiche war schließlich halbwegs gebührend unter die Erde gebracht. Wie zur Belohnung derjenigen, die standhaft ausgehalten hatten, hörte der Regen auf. Am Rande der letzten schwarzen Wolken zeigte sich wieder die Sonne. Sie schien hell durch eine klare, wohlriechende Luft auf das frische Grab. Gemeinsam mit den Resten der im Dreck stakenden Trauergemeinde zog der Trupp der Blaskapelle ordnungsgemäß über die lehmig braunen, matschigen Wege. Auf der leicht abschüssigen Straße in Richtung Dorf wurden die Füße ein paarmal kräftig aufgestampft. Die gröbsten Schlammbrocken blieben auf dem dampfenden Asphalt zurück.

Es muss in Höhe des Eseloher Wegs gewesen sein, wo Gottlieb Rodemann, wohl eingedenk der Begräbnisgänge New Orleans', den Taktstock hob. Seitlich nach hinten rufend gab er die Anweisung: *Nicht alt und jung verschonet.* Er führte den Arm in einer schwingenden Bewegung nach unten und seitlich wieder hinauf. Die sonoren Bläser setzten ein, mäßig langsam, und der Schritt wurde gemessener und wiegender.

Mit vollen Lippen geblasen hauchte *der Engel mit der Hippe mit kaltem Kuss den Ton auf jede Lippe. Er rief der Bravsten einen nun heim zu seinen Ahnen.* So wollte es der Liedtext.

Da passierte es. Die Sonne verzog sich nichtsahnend und nichtssehend wieder hinter der nächsten Wolke. Keines der Instrumente konnte blitzend erstrahlen. Wie von einer magischen Hand – später wurde behauptet, es sei ein Zeichen der real existierenden von Bauer Oberste Werbeck gewesen – wurde die Listertaler Blaskapelle durchschnitten: Während der vordere Teil, *Erit in memoria!* blasend, würdevoll weitermarschierte, verweigerte der hintere Teil, immer langsamer werdend und mit bald unübersehbar und unüberbrückbar groß werdendem Abstand, den Gehorsam, das heißt konkret die Gefolgschaft.

Schließlich bog die zweite Hälfte der Kapelle bei Volmerhaus ab und verschwand im Gasthaus. Der vordere Trupp war nun entscheidend geschmälert um den Rhythmus gebenden Teil der Nachfolger. Man erreichte, umso intensiver blasend, die Dorfmitte. Dort wurde die dritte Strophe beendet, die für den Wortkundigen besagt:

Der eine lebt in Freuden,
ein anderer in Sorgen,
den einen trifft es heute,
dem andern gilt es morgen!

In Volmerhaus' Gasthof hatte Bauer Oberste Werbeck, während unten im Dorf die letzten Bläsertöne verklangen, längst eine Runde halber Litern spendiert. Für den hinteren Kapellenteil, aber auch für den Schreiner und den Pastor.

Überschäumendes Bier und überschäumende Freude waren ein Zeichen für den Triumph, den man empfand, weil man es dem Rodemann endlich einmal gezeigt hatte. Sein Name gründete sich sicher nicht, mittels des Verbs *roden*, auf einer bäuerlichen Herkunft, ihm war wohl eher das harte *t* des Adjektivs *rot* angemessen.

Wenn hier etwas Rotes im Dorf geduldet wurde – das zeigte sich am späten Abend nach etlichen Runden und lautem Gegröle –, dann waren das die roten Köpfe der saufenden Kumpane, aber sonst nichts.

6 DIE MÜNZE

Ottomar sprach mit uns Kindern nicht über seine Verletzung.

„Der Doktor sagt, wir müssen abwarten, was wird. Vielleicht habe ich Glück“, war das Einzige, was ich ihm entlocken konnte, als er aus dem Krankenhaus zurück war.

Und mich überlief jedes Mal ein solcher Schauer, wenn ich an die schrecklichen Bilder von der Kartoffelsortiermaschine dachte, dass es mir recht war, wenn er nicht darüber sprach. Sein Verband wurde täglich erneuert.

Aber ich hatte zufällig ein Gespräch mitbekommen, das der Doktor mit dem Bauern und seiner Frau führte. Ich stand im Flur und verstand zwar nicht alles von dem, was er sagte, aber ich spitzte die Ohren. Das Herz schlug mir bis zum Hals.

„Es lag eine schwerwiegende Amputationsverletzung vor“, sagte er. „Mehrere Fingerendglieder und vor allem der Daumen als wichtigster Finger waren betroffen. Der Kollege im Krankenhaus zog zunächst eine Replantationsoperation in Betracht, aber die Bedingungen waren äußerst ungünstig.“

Er machte eine kurze Pause. Die Frau des Bauern stand stocksteif. Sie rieb sich die Hände an ihrer Schürze.

„Die Zeit zwischen der Verletzung und der Operation war relativ lang, und Quetsch- oder Ausrissverletzungen sind per se äußerst ungünstig. Gefäße und Nerven waren gleichermaßen schwer betroffen."

Der Doktor räusperte sich.

„Eine Infektion kann nicht ausgeschlossen werden und daneben besteht noch die Gefahr einer Trombose durch Blutgerinsel an den genähten Gefäßen."

Er schwieg noch einmal.

„In Anbetracht aller gegebenen Umstände und zum Wohle des Patienten haben sich die Krankenhausärzte entschlossen, keine weiteren Maßnahmen durchzuführen und eine Amputation an der Stelle vorzunehmen, die durch die Ausdehnung der Verletzung bestimmt ist und sich gegebenenfalls durch eine spätere Versorgung mit einer Prothese eignet."

Die Frau des Bauern starrte ihn entsetzt an.

„Was heißt das denn nun? Die Hand ist ab?"

„So kann man es auch ausdrücken", erwiderte der Doktor.

Eines Tages war dann der dicke Verband um Ottomars Hand verschwunden. Als wir morgens zur Schule gingen, trug er eine schwarze Stulpe über dem Unterarm, die mit einem geknoteten Band befestigt war.

„Da, guckt, der Verband ist weg."

Inge und ich sagten nichts, fragten nichts, waren nur blass im Gesicht.

„Meine Mutter sagt, Professor kann ich trotzdem noch werden, nur Blockflöte spielen, nein, das geht nicht mehr."

Er lachte, aber wir blieben stumm. Es schien, als wären wir hilfloser gewesen als er. Wie machte er das nur, dass er alles so gefasst hinnahm?

„Wir sind deine Freunde", sagte Inge mit krächzender Stimme, sonst nichts. Ich nickte stumm.

In der Schule warf der Lehrer einen langen Blick auf Ottomar in der ersten Reihe.

„Na, schreiben wirst du wohl noch können. Die rechte Hand ist ja noch dran."

In der Pause ging Wolf Kowolik auf dem Schulhof auf Ottomar zu. Er hatte sich bisher fast immer abseits gehalten. Er kramte in seiner Hosentasche und holte ein Geldstück heraus, eine kleine polnische Aluminiummünze.

Ottomar nahm sie in die Hand. Er betrachtete sie interessiert. Auf der Vorderseite war ein Wappenadler eingeprägt und die Jahreszahl 1949. Auf der Rückseite war zu lesen *1 Grosz* und ein kleiner Zweig war zu sehen.

Dann sah er Wolf fragend an.

„Will ich dir schenken", sagte der.

„O, das gefällt mir. Vielen Dank, Wolf", war Ottomars Antwort. Er steckte die Münze in die Tasche seiner Lederhose.

Am Nachmittag trafen wir uns wie immer am Bach. Es war warm genug, so dass wir Schuhe und Strümpfe ausziehen konnten. Wir hatten an der rechten Seite hinter der Brücke ein kleines Staubecken angelegt. Inge und ich häuften noch einige flache Steine vorn auf die Absperrung.

Nach einer Weile kam auch Ottomar. Ein paar Schritte hinter ihm ging Wolf. Wir blickten sie verwundert an.

„Wolf ist jetzt dabei“, sagte Ottomar.

Inge sah mich an, sagte aber nichts. Ich zuckte mit den Schultern.

„Los, Heiner, da noch den Stein in den Damm“, sagte Ottomar. „Nimm ihn schon, ich kann meinen Stumpf nicht nass machen.“

„Iih“, schrie Inge plötzlich, „ein Blutegel, ein Blutegel hat sich an meinem Fuß verbissen.“

Tatsächlich hatte sich ein glitschiges Ding, wohl mehr als fünf Zentimeter lang, an ihrem Knöchel festgesaugt.

Wolf reagierte als Erster. Er packte das widerliche wurmartige Wesen, löste die Saugnäpfe vom Fuß und warf die bizarre Kreatur wieder in den Bach.

„Ich kenne diese Dinger“, sagte er, „keine Angst. Sie tun einem nicht weh. Sie können sogar heilen. Sie wirken gegen Schmerzen.“

„Aber wie eklig!“, schrie Inge. Sie weinte fast.

Ab dem vierten Schuljahr wurde mit Tinte geschrieben. Im Klassenraum gab es feste Bankreihen und am oberen Ende des jeweiligen leicht schrägen Pults war eine kleine Klappe. Die konnte man aufschieben. Darunter befand sich ein kleines Fässchen mit Tinte, worin man seinen Federhalter füllen konnte.

Wir waren zwar noch nicht so weit, mit Tinte zu schreiben, aber an einem Donnerstag in der letzten Stunde schickte der Lehrer Ottomar und mich die Dorfstraße hinauf zum Kaufmann Martin. Es war neues Tintenpulver bestellt worden und wir sollten es abholen.

Unterwegs fanden wir eine noch völlig intakte Ledersandale. Wir überlegten lange, ob wir die im Fundbüro in Meinerzhagen abgeben sollten.

„Oder wir müssen sie zumindest mitnehmen und dem Lehrer zeigen“, sagte ich, „aber das wird dann wieder eine lange Befragung geben.“

Schließlich löste Ottomar kurzerhand das Problem. Er nahm die Sandale und warf sie in hohem Bogen den Hang hinter dem nächsten Haus hinauf. Niemand hatte uns beobachtet.

Dann entdeckten wir im Graben neben der Straße einen Feuersalamander. Am Vormittag hatte es stark geregnet und zwischen den Steinen und dem Gras im Graben stand sogar hier und da ein wenig Wasser. Ob dem Tier das gefiel? Oder liebte es eher die Sonne, die jetzt wieder schien?

Der Salamander war mindestens so lang wie meine Hand. Schwarz glänzend zeigte er schöne hellgelbe Flecken und Streifen.

„Was frisst so einer denn?“

„Ich glaube, Schnecken oder auch einen Regenwurm. Vielleicht auch Spinnen oder Fliegen.“

„Aber giftig sind sie doch nicht?“

„Hab ich noch nichts von gehört. Aber wir fassen ihn besser nicht an.“

„Der muss sich aus dem Wald verlaufen haben“, meinte Ottomar dann.

„Sollen wir ihn zurückbringen?“

„Dann müssten wir einen Karton besorgen oder irgend so etwas.“

Doch plötzlich verschwand unser Feuersalamander unter ein paar flachen Steinen und kam nicht mehr hervor.

Uns fiel wieder ein, dass wir ja das Tintenpulver holen sollten.

Doch beim Kaufmannsladen angekommen, hatte der schon für die Mittagspause geschlossen. Wir hatten zu lange getrödelt. Oje, oje. Wir liefen um das Haus herum und klopften von hinten an die Scheibe vom Küchenfenster. Frau Martin machte kopfschüttelnd auf.

„So, das Tintenpulver wollt ihr holen. Aber bitte sagt dem Lehrer, er soll euch beim nächsten Mal etwas früher losschicken. Ich will auch meine Pause haben."

„Danke, Frau Martin, danke", sagten wir und ich hielt erleichtert die große Tüte in den Händen. Den Rückweg legten wir im Trab zurück. Ich musste die Tüte den ganzen Weg über allein tragen, denn Ottomar hatte ja nur eine Hand. Als ich daran dachte, wurde mir wieder etwas flau.

Als wir an der Schule ankamen, war niemand mehr im Klassenraum. Der Unterricht war schon beendet.

Einen Teil unserer Schuld wollten wir wieder gutmachen und dem Lehrer jedenfalls die Arbeit abnehmen, die Tinte anzurühren. Das große Zweiliterglas nahmen wir aus dem Schrank. Wir stellten es vorn aufs Katheder, füllten es mit Wasser, rührten vorsichtig das Tintenpulver hinein, wie wir es beim Lehrer gesehen hatten. Wir waren beglückt, wie in dem Wasser sich nach und nach dicke blaue Schwaden bildeten, die immer dichter und immer dunkler wurden. Schließlich war es tiefdunkle, schwarzblaue Tinte.

Wir hatten es geschafft. Wir hatten uns von Lehrjungen zu Hexenmeistern aufgeschwungen. Das Lob des Lehrers war uns gewiss.

Nun wollten wir die wohlgemischte, mitternachtgeisterstundenblaue Tintentinktur noch in den Klassenschrank tragen, um am nächsten Morgen, wenn uns der Lehrer wegen unseres Säumnisses würde tadeln wollen, nur lässig und vorgespielt bescheiden eine kurze Geste in Richtung Schrank anzudeuten. Dort würde er dann zu seinem Erstaunen und zu seiner großen Freude, die natürlich ein besonderes Lob für uns zur Folge haben musste, die fertige Tinte vorfinden.

Aber wir hatten uns zu hoch hinaufbegeben. Schon bei Wilhelm Busch hätten wir lernen können:

Wer mit Mühe nur
auf einen Baum gestiegen,
schon meint,
dass er ein Vogel wär,
der irrt sich sehr.

Als ich mit dem riesigen, schwappenden, tintenschwarzgefüllten Bottich in Richtung Schrank ging, wurde mir kurz darauf bewusst, dass nicht unbestraft bleiben sollte, dass wir uns in die höheren Sphären des Lehrers begeben hatten. Die Stufe vom Katheder hinab nicht bemerkend und nicht achtend, fiel ich hin in voller Länge mit dem schwarzen Blubbergefäß in der Hand und landete auf dem Boden des Klassenzimmers. Die riesige Schale zerbarst und der tiefdunkle Sud ergoss sich über den Boden.

Im Augenblick unseres größten Erschreckens stand plötzlich Wolf neben uns. Er hatte sich auf dem Schulhof herumgetrieben, auf uns gewartet und uns heimlich beobachtet. Er war im ersten Moment genauso sprachlos wie wir.

Dann machte er eine beruhigende Handbewegung.

„Wartet“, sagte er.

Ich hätte heulen können. Auch Ottomar wusste diesmal keinen Rat.

„Meine Mutter kommt gleich“, sagte Wolf. Wir sahen ihn an.

Tatsächlich tauchte sie kurz darauf auf. Wir kannten sie gar nicht. Sie war eine strenge Frau mit vielen Falten im Gesicht, fast schwarz gekleidet, und schien eher die Oma von Wolf zu sein als seine Mutter. Wir erfuhren, dass sie die Putzfrau der Schule war und zweimal in der Woche zum Reinigen der Klassenräume und der Toiletten kam.

Der liebe Gott hatte sie geschickt! Sie sagte nicht viel und machte sich an die Arbeit. Es gelang ihr, die blaue Brühe fast ohne Rückstände aufzuwischen. Wir drei Jungen standen daneben und sahen ihr zu.

„Und das zerbrochene Glas?“, sagte Wolf schließlich und sah seine Mutter an.

Sie nickte mit dem Kopf. Sie wusste von ihrem Sohn um die gnadenlose Art des Lehrers.

„Ja, das nehm ich auch auf meine Kappe.“

7 DIE BARACKEN

„Sie gehören eigentlich nicht ins Dorf. Aber die Frau hat sich sehr für dich eingesetzt, sie hat dich vor dem Lehrer gerettet.“

Meine Mutter holte zwei Mettwürstchen aus der Räucherkammer, packte sie in eine feste Tüte und schickte mich los:

„Du musst dich bedanken.“

Mir war es ein wenig unheimlich, als ich losging, denn so richtig nah war ich den Baracken nie gewesen. Wir hatten nur sonntags vom Fußballplatz aus mal hinüber zu der Anlage gesehen.

Als ich vor unser Haus trat, traf ich auf Inge.

„Gehst du mit?", fragte ich sie. „Ich will rüber Richtung Steinbruch, etwas abgeben."

Ich war richtig erleichtert, als sie sich mir anschloss.

Wir schlenderten über die Dorfstraße und sprachen über unsere Hausaufgabe. Ein Aufsatz sollte geschrieben werden. Überschrift: *Eine gute Tat.* Mir war dazu absolut nichts eingefallen. Dass Frau Kowolik die Tinte aufgewischt hatte, konnte ich ja nicht anführen. Inge sagte, sie habe geschrieben, dass sie ab und zu für die alte Oma Johnke zum Einkaufen ginge. Na ja, ich hatte schon mal für die Oma etwas Anmachholz gehackt. Aber durfte ich die Idee von Inge kopieren?

Wir kamen an der Straße bei den Baracken an. Ich blieb stehen und sah die drei langen Holzgebäude auf der anderen Seite des Baches liegen. Manche Erwachsenen sagten auch *Behelfswohnheim* oder *Nissenhütten* dazu. Da wohnten die *von drüben.*

„Willst du wirklich dahin?", fragte Inge.

„Ja, da wohnt irgendwo Wolf."

Wir gingen über die kleine Brücke und hinüber zur ersten Baracke.

Zwei Stufen führten hinauf. Vorne stand die Flügeltür weit offen. Es roch nach Kohl. Man konnte hineinsehen. Alles war aus Holz gebaut. Hinter der Tür ein langer, dunkler Flur ohne Lampe, an dem es rechts und links Türen gab. Wir schauten vorsichtig hinein. Vor den Türen standen jeweils mehrere Schuhpaare. Wir hörten Stimmen, Schritte knarrten.

Plötzlich flog rechts eine Tür auf, ein Junge kam herausgerannt, ein Kissen flog hinter ihm her. Er kam direkt vor uns zum Stehen. Wir erkannten ihn, es war ein großer Junge aus der sechsten oder siebten Klasse.

„Was wollt ihr?", fragte er.

„Zu – zu Wolf", stotterte ich.

„Mittlere Baracke, kleiner Hansel", sagte er, nahm das Kissen auf und verschwand wieder hinter der Tür.

Vor der mittleren Baracke saß ein Mann auf den Treppenstufen vor der Eingangstür und rauchte irgendein stinkendes Kraut.

„Kowolik?", fragte er. „Wirst schon finden, janz hinten durch, die Tür vor Kopp."

Wir mussten durch den langen dunklen Flur gehen. An mehreren Stellen knatschte der Holzboden. Vor der hinteren Tür standen vier oder fünf Paar Schuhe. Zaghaft klopfte ich an. Wolf öffnete. Im Dämmerlicht saß seine Mutter am Tisch und schälte Kartoffeln. Zwei ältere, fast erwachsene Mädchen hockten auf einem Bett in der Ecke. Ein Mann, wohl der Vater, saß am Tisch, schlafend den Kopf auf die Arme gelegt.

„Kommt rein", sagte Wolf, als er uns sah.

„Meine Mutter schickt mich", ich stotterte ein wenig. „Ja, ich soll mich bedanken."

Ich legte die Würstchen auf den Tisch neben das Zeitungspapier, auf das die Frau die Kartoffelschalen gleiten ließ. Sie sagte nichts, nickte mit dem Kopf.

Wolf blickte zu seinem Vater hinüber, sprach leise, machte beschwichtigende Handbewegungen: „Kommt, wir gehen ein bisschen raus."

Er schloss geräuschlos die Tür.

„Mein Vater war früher Kraftfahrer. Er ist oft den ganzen Tag und die Nacht hindurch gefahren. Immer, wenn er zu Hause war, hat er geschlafen. Wir mussten immer leise sein."

Im Gang hörten wir dann Babygeschrei, ein paar laute Stimmen hinter einer Tür, eine Männerstimme schimpfte. Es roch auch hier stark nach Wirsing oder Blumenkohl. Nicht mehr weit war es bis zum Ausgang. Bald hatten wir es geschafft. Der Mann, der dort saß, rauchte immer noch, tippte sich mit dem Finger an die Mütze, als wir vorbeigingen.

Wolf merkte, dass wir ganz verdattert und unsicher waren.

„Ihr seht ja, das ist hier schon keine Luxusvilla. In unserer Baracke wohnen über dreißig Leute. Da in der linken gibt es auch vier Schulkinder und da wohnt Karoline mit den blonden Zöpfen aus unserer Klasse. Aber wir gehen nie zusammen. Ich glaube, sie denkt, sie ist etwas Besseres. Rechts wohnen auch noch fünf oder sechs Kinder aus unserer Schule, nur die sind alle älter."

Wir wussten gar nicht, was wir sagen sollten. Das war eine solche Parallelwelt, von der wir bisher fast nichts mitbekommen hatten. Wolf war uns immer wie ein Unikat erschienen, einer, für den wir keine rechte Einordnung hatten, was aber irgendwie auch gar nicht nötig erschienen war. Jetzt erfuhren wir, dass es hier zehn oder mehr Kinder gab, mit denen wir Morgen für Morgen auf dem Schulhof und in den Klassenräumen zusammen waren. Und die blonde Karoline war sogar in unserer Klasse.

Wieso lebten die hier in den Baracken? Waren das alles ganz arme Leute? Wieso hatten die keine Häuser oder zumindest normale Wohnungen? Und überall roch es nach Kohl. Lebten die nur von Kohl?

Opa Hoff wohnte auch in einer Holzhütte. Aber die stand ganz oben am Berg. Er saß mit seiner Pfeife davor auf der Bank und sah hinunter in die Landschaft, bis hinüber zur Talsperre. Wir besuchten ihn manchmal und er sang mit uns: *Kein schöner Land in dieser Zeit.* Das fanden wir romantisch.

Aber die hier? Das war doch kein schöner Ort zum Leben. Vom Bach über die Wiese zu den Baracken gab es gar keine richtige Straße, nur einen matschigen Weg, durch etwas Split oder Asche verfestigt. Auf der anderen Seite war der Steinbruch. Und alles sah so braun und grau aus, so trostlos. Neben dem Eingang standen große Abfallfässer. An den Fenstern gab es keine Gardinen.

„Komm, wir hauen wieder ab", sagte ich zu Inge. Wolf begleitete uns noch ein Stück.

„Findest du es denn schön, hier zu wohnen?", fragte Inge. Die Frage war sicher nicht sehr einfühlsam, aber sie schien Wolf nichts auszumachen.

Er zuckte mit den Schultern. „Mein Vater sagt, wir ziehen bald nach Attendorn. Dann sind wir weg hier. Aber er muss erst Arbeit finden."

8 FINNLAND

Otto Warnecke war der Straßenwärter für den Streckenabschnitt Hunswinkel. Für uns Kinder war er einfach Onkel Otto. Und wir mochten ihn sehr.

Er war schon ziemlich alt, älter jedenfalls als unsere Eltern. Er war ein bisschen behäbig und stämmig, hatte ein kleines Bäuchlein. Bei der Arbeit trug er immer eine Schirmmütze. Es war so eine Mütze, wie sie ein Schaffner bei der Eisenbahn trug oder ein Mitglied der Feuerwehr. Oben in der Mitte war eine rote Kokarde angebracht. Das gab ihm eine gehörige Portion an amtlicher Gewichtigkeit. Aber die Mütze war wohl doch eher ein Phantasieprodukt, das er vielleicht irgendwo aus dem Krieg mitgebracht hatte.

Onkel Ottos Dienstgebiet war in nördlicher Richtung der Straßenabschnitt über Berlinghausen hinaus bis nach Krummenerl, immerhin eine Strecke von 3,3 Kilometern. Nach Süden betreute er die Straße bis zur Listerbrücke.

Sein Dienstfahrzeug war eine Schubkarre.

„Das ist ein ganz modernes Stück“, sagte er stolz, „mit Luftbereifung und einer Blechwanne aus einem Stück. 100 Liter Volumen.“ Darin befanden sich ein Straßenbesen, eine Schüppe, eine Rolle Absperrband, ein paar Lappen, ein paar Schaufeln Kaltasphalt, ein Handstampfer und dies und das an Kramzeug. Na ja, und, wenn er morgens losging, zwei Flaschen Pils, eine für den Hin- und eine für den Rückweg.

Gern begleiteten wir Onkel Otto auf seiner Dienstour. In den Ferien war das öfters möglich. Die südliche Strecke bis zur Listerbrücke, die nur etwa einen Kilometer betrug, war an einem Vormittag gut zu schaffen. Inge, Ottomar und ich waren heute dabei.

Im Frühtau zu Berge wir ziehn, fallera, sangen wir. Otto mit tiefem Bass und wir mit unseren hellen Kinderstimmen.

Kurz hinter Sprattes Eiscafé machten wir den ersten Stopp. Am Rand der Straße zeigte sich ein kleines Schlagloch. Wahrscheinlich hatte es der Bus verursacht, denn Autos fuhren auf dieser Straße relativ selten. Anderthalb Schaufeln Kaltasphalt wurden verfüllt, mit dem Handstampfer verfestigt.

„Nun wisst ihr, Kinder, warum der schwere Stampfer immer dabei sein muss."

Dann sagte er: „Jetzt machen wir erst mal eine kleine Pause. Hier auf den Hang scheint schön warm die Sonne. Das sollten wir uns nicht entgehen lassen. Da legen wir mal kurz unsere Glieder ab." Er öffnete seine erste Flasche Bier.

„Seht einfach über das Wasser hinweg, wie schön das glitzert, wie die Sonne sich spiegelt. Da hinten, wo das Wasser ein bisschen grünlich wird, da fließt die Lister in den See. Da wachsen Algen und Schilf am Ufer. Da gibt es immer viele Wasservögel. Die haben's da gut." Er nickte zufrieden mit dem Kopf und nahm einen ordentlichen Schluck.

„Als ich im Krieg in Finnland war, alles Birkenwälder und Pappeln, und im Winter tiefer Schnee und in den Wäldern große Rentierherden. Überall gab es kleine Seen. Das glitzerte auch schön. Die Finnen waren unsere Waffenbrüder, wir kämpften ja gemeinsam gegen die Russen. Drei Jahre war ich dort, ach, das ist so ein schönes Land. Nur, stellt euch vor, da wird es fast ein halbes Jahr lang nachts gar nicht dunkel. Wenn wir schlafen wollten, mussten wir den angewinkelten Arm über die Augen legen."

Wir spürten, dass Onkel Otto ganz ergriffen war von seinem Bericht, und saßen mucksmäuschenstill. Er spielte mit dem Bügelverschluss seiner Bierflasche, klappte ihn auf und zu.

„Erst war ich Funker, dann Oberfunker, später wurde ich dem Bauzug zugeteilt, da brauchten sie kräftige Kerle. Bis uns schließlich die Finnen verraten haben. Sind zur anderen Seite übergelaufen. Wir mussten abziehen, Hals über Kopf. Das war nicht schön. Aber was wir hinterlassen haben – es tut mir jetzt noch weh: verbrannte Dörfer, gesprengte Brücken, Verwüstungen und zerstörte Häuser. Ich hab das nicht verstanden. Musste das sein? Ich weiß nicht, wie oft ich davon schon geträumt hab. Immer noch wach ich manchmal nachts schweißnass auf."

Er schüttelte heftig den Kopf, blickte starr über das Wasser hinweg.

„Einmal befahl man uns auf dem Rückzug, sofort in den Straßengraben auszuweichen, wir lagen in Matsch und Dreck. Alle runter von der Straße. Und dann sahen wir es: Unsere Generalität rauschte in ihren Wagen vorbei, die feinen Herren brachten sich in Sicherheit, ihnen hatten wir Platz machen müssen. Ach, was erzähl ich euch da."

Wir verstanden ihn nicht.

„Ich wollte eigentlich nur sagen, dass ich immer Heimweh gehabt habe nach dem Listertal, nach meiner Heimat, mehr nicht. Was hatten wir denn in Finnland zu suchen? Nirgends ist es so schön wie hier. Wenn der Wind leicht das Wasser kräuselt. Die Uferbäume spiegeln sich im See. Morgens siehst du drüben auf den Wiesen auch mal ein paar Rehe. Legt euch zurück, Kinder, und lasst die Sonne ein wenig in eure Gesichter scheinen. Wir wollen diesen Frieden genießen."

Das verstanden wir wieder.

Er nahm noch einen Schluck Bier und stieß einen tiefen Seufzer aus. Dann verfiel er offensichtlich in ein Nickerchen.

Wir untersuchten sein Zeug in der Schubkarre. Inge wickelte sich das breite Absperrband um die Taille und tänzelte wie eine Modepuppe. Ich drückte den Finger prüfend in den Asphalt. Ottomar probierte den Hammer aus.

Onkel Otto erwachte davon.

„Na, Ottomar, mit dem Hammer kannst du ja schon richtig zuhauen. Aber", er machte eine kleine Pause, „die Schubkarre wirst du wohl nie schieben können."

Ottomar biss sich auf die Zähne. Dann sagte er: „Mein Vater hat versprochen, dass ich später eine Prothese bekomme. Ich muss nur erst noch ein wenig wachsen."

„Schon gut, schon gut", sagte Onkel Otto, „bist ein feiner Kerl, ich mag dich so, wie du bist." Er strich ihm mit der Hand über das Haar.

Kurz hinter dem Weg, der links nach Windebruch abbog, waren einige Sträucher etwas zu weit über die Straße hineingewachsen. Onkel Otto nahm die Heckenschere. Die abgeschnittenen Äste und Zweige sammelten wir auf und warfen sie den Abhang hinab in den Graben neben der Straße.

„Seht ihr, es gibt einiges zu tun."

Wieder war eine kurze Pause zum Ausruhen nötig.

„Da drüben auf der anderen Seite der Sperre unterhalb der Brücke liegt das Gut Kalberschnacke. Da haben ganz früher mal Adelige gewohnt. Das waren Leute, denen nur deshalb alles gehörte, weil sie als Adelige geboren wurden. Das ganze Land gehörte denen. Die Bauern mussten für die schuften. Ob die selbst was konnten oder was geleistet haben, das spielte keine Rolle. Die waren einfach so was Besseres. Unsereins muss sich alles selbst erarbeiten, die feinen Leute bekommen alles einfach geschenkt. Aber das war früher. Die Zeiten ändern sich."

Bald hatten wir die Brücke erreicht. Onkel Otto nahm einen Lappen aus der Schubkarre, stieg hinunter zum Wasser, befeuchtete den Lappen und reinigte dann damit das Hinweisschild am Straßenrand, das die Richtung hinüber nach Herpel anzeigte.

„Alles schön sauber, alles ordentlich, ja, so sind wir Deutschen“, sagte er und lachte. „Das haben sogar die Finnen an uns bewundert.“ Er wrang den Lappen aus und legte ihn zurück in die Schubkarre.

„Wisst ihr, was lustig ist? Die Bewohner von Finnland nennt man auch *Lappen*. Ich bin immer gut mit ihnen klargekommen. Im Lager in Rovaniemi, das liegt an der Eismeerstraße fast am Polarkreis, hatte ich sogar ein paar Lappen regelrecht als Freunde. Einer war Koch bei uns in der Kompanie. Er hieß Pekka, das würde bei uns so viel wie Peter bedeuten. Er konnte Schifferklavier spielen. *Jouluyö! Juhlayö!* Hört sich komisch an, aber das ist ein Weihnachtslied. Wir kamen immer gut klar. Bis dann am Ende die Enttäuschung kam. Das haben die Oberen beschlossen. Manche von den Deutschen haben dann statt *Lappen* nur noch *Lumpen* gesagt. Aber schließlich, Rovaniemi haben wir beim Rückzug fast völlig zerstört. Daran darf ich gar nicht denken.“

Er schloss kurz die Augen, presste sie zusammen und ließ sich nach hinten ins Gras fallen. Mit der rechten Faust hämmerte er auf den Boden.

Dann sprang er wieder auf und schnippte mit den Fingern.

„Jetzt noch ein kleines Spielchen, und es geht auf den Rückweg.“

Er nahm ein Stück Kreide aus der Jackentasche und zog einen Strich am Rand der Straße. Jeder bekam von ihm ein kleines Metallplättchen und dann ging es los.

„Wer sein Plättchen am nächsten an den Strich wirft, hat gewonnen. Er darf auf dem Rückweg in der ollen Schubkarre mitfahren. Einverstanden?“

Wir nickten.

„Aber aufgepasst, wer über den Strich hinauswirft, ist ausgeschieden."

Wir drängten uns, jeder wollte als Erster werfen. Dann entschied Onkel Otto, dass Inge als Mädchen anfangen durfte. Sie warf sehr zögerlich, und als ihr Plättchen lag, war es sicher noch drei Handbreit vom Strich entfernt. Ottomar und ich johlten und lachten.

Wir Jungen waren an der Reihe. Wir warfen fast gleichzeitig, sicher viel zu überhastet. Das Metall von uns beiden landete jenseits der Linie. Ausgeschieden. Onkel Otto hatte dann leichtes Spiel, sein Plättchen zwischen das von Inge und den Strich zu werfen.

Er griff nach seiner Flasche Bier für den Rückweg, öffnete den Bügelverschluss mit einem Plopp und nahm einen Schluck.

„Ja, nun müsst ihr mich in der Schubkarre nach Hause fahren."

Er machte Anstalten, auf die Karre zuzugehen. Wir blickten verdutzt. Wie sollte das denn gehen? Ottomar konnte ja schon gar nicht. Also Inge und ich? Er ließ uns eine Weile stehen und sah uns an.

„Was man bei einem solchen kleinen Spielchen nicht alles lernen kann!", sagte er schließlich.

„Nicht übermütig sein und voreilig, immer die Ruhe bewahren, erst mal denken. Nichts versprechen, was man nicht halten kann. Und, bitte schön, besser dem anderen den Vortritt lassen. Aus dessen Fehlern lernen. So, wie ihr geworfen habt, hatte ich es als Letzter ja nicht mehr schwer. Ein bescheidener und gezielter Wurf und ich musste gewinnen."

Er legte seine Bierflasche neben den Putzlappen, hob Inge hoch und setzte sie auf das Gerümpel in der Karre.

„Du bist ja wenigstens nicht ausgeschieden. Also darfst du mitfahren." Inge strahlte.

Ottomar und ich waren zunächst einmal etwas kleinlaut. Dann stimmte Onkel Otto wieder ein Lied an und wir bekamen etwas Abstand von der eben erhaltenen Lektion.

Kurz bevor wir das erste Haus des Dorfes erreichten, hielt er an.

„Da, seht mal, beim nächsten Mal müssen wir wohl die Sense mitnehmen. Hier am Rand ist doch das Gras schon etwas hoch gewachsen. Das muss abgemäht werden."

Oben im Fenster des Hauses erschien ein Mann. Er winkte uns zu.

„Na, Otto, belaberst du wieder die Kinder mit all deinen Lebensweisheiten? Heute schon in Finnland gewesen?"

„Pass bloß auf, du! Ich komm dir gleich da hoch."

Otto schwang die Faust, aber dann lachte er doch.

Kurz vor der Brücke an der Hauptstraße lagen frische Kuhfladen auf dem Asphalt, dicke Haufen in der Mitte und nach den Seiten alles schön weggespritzt.

„Das kann doch nur vom Toni sein", schimpfte Onkel Otto, „der soll den Dreck selbst wegmachen."

Kein Mensch war weit und breit zu sehen.

„Kinder, Kinder. Nur wenn jetzt gleich der Bus kommt! Mit mir kann man's ja machen. Verdammte Scheiße!", fluchte er.

Er nahm die Schaufel und ging an die Arbeit. Ich nahm den Straßenbesen und kehrte hinter ihm her.

„Igitt“, schrie Inge, weil sie in einen Kuhfladen getreten war. Ottomar nahm den Lappen von der Karre und putzte an ihrem Schuh herum.

„Das fehlte noch zum Abschluss“, grummelte Onkel Otto. „Ich danke euch trotzdem für die Begleitung. Jetzt aber ab nach Hause zum Mittagessen.“

Wir liefen den Weg hinauf zu unseren Häusern. Onkel Otto hatte schon wieder die Schubkarre gepackt und ein Liedchen angestimmt.

Ob's stürmt oder schneit …, hörten wir noch so gerade. Wieso sang er jetzt im Sommer so ein Lied?

9 DER HALBE BECHER

Die großen Ferien waren zu Ende. Die meisten der fast siebzig Kinder gingen nach der langen Sommerpause nun wieder relativ gern zur Schule. Man freute sich darüber hinaus auf ein besonderes Ereignis.

Unsere Volksschule war zweiklassig. Lehrer Krusemann stand dem ersten bis vierten Schuljahr vor, der Schulleiter Lötz unterrichtete die fünfte bis achte Klasse. Schon am Montag in der zweiten Woche begannen beide Lehrer mit der Einweisung für den nun bevorstehenden Tag.

„Die Waldbeere, wie wir sie hier bei uns nennen, gehört zur Gattung der Heidelbeeren“, begann der Vortrag. Dann folgten lange Ausführungen, die für die Erstklässler neu und für uns schon bekannt waren aus dem letzten Jahr. Die Achtklässler hatten sie schon etliche Male gehört. Es ging um Standortansprüche, um die Inhaltsstoffe dieser Wunderbeere, um die Funktion als Futterpflanze für Falter und um Schädlinge.

Aber schon im vergangenen Jahr hatte man sehr bald nicht mehr zugehört. Die Vorfreude hingegen ließ eine knisternde Unruhe aufkommen, so dass die Lehrer mehrmals um Ruhe bitten mussten.

Am Dienstag sollte es losgehen.

Was uns Oma Johnke am Nachmittag sagte, war schon wesentlich interessanter. Sie kannte sich wirklich mit den Beeren aus und redete nicht so ein theoretisches Zeug daher.

„Die getrockneten Früchte sind ein gutes Mittel gegen Durchfall. Seht her, hier auf meinem Schrank habe ich immer in einem Glas einen kleinen Vorrat“, sagte sie.

„Aber passt auf, wenn ihr losgeht, die sind ja wirklich lecker. Nur zu viele von den frischen Beeren gegessen, bewirken sie genau das Gegenteil. Ihr wisst schon, ihr müsst euch dann ganz schnell ein Plätzchen in den Büschen suchen.“

Sie kicherte verstohlen.

„Für uns Erwachsene ist der Heidelbeerwein besonders gesund. Und für euch, wenn ihr mir ein Schälchen voll mitbringt, backe ich einen Waldbeerkuchen.“

Meine Mutter stattete mich aus mit einer großen emaillierten Henkeltasse. Ich hatte ein Butterbrot in einer kleinen Umhängetasche dabei.

Doch am nächsten Morgen regnete es leicht und der Ausflug in den Wald wurde verschoben. Kopfrechnen und Rechtschreibung stattdessen! Das war eine riesige Enttäuschung. Noch einen Tag mussten wir warten.

Aber am Mittwoch ging es los. Alle Kinder versammelten sich auf dem Schulhof. Es herrschte eine kribbelige Spannung. Wir traten an in Dreierreihen. Die beiden Lehrer als Aufsichtspersonen wurden unterstützt von der Frau des Schulleiters. Und dann: Zu unser aller Freude ging auch Onkel Otto mit. Alle Kinder johlten und klatschten, als er von der Straße auf den Schulhof kam.

Es ging die Dorfstraße entlang. Die Kinder hatten sich nach Schuljahren aufgestellt. Lehrer Lötz ging vorneweg – er steckte sich einen Stumpen an – seine Frau war in der Mitte und Lehrer Krusemann am Schluss. Es war ein wirklich beeindruckender Zug. Wir stießen uns gegenseitig mit den Ellenbogen in die Rippen und lachten uns an.

Der Schreiner trat aus seiner Werkstatt. Er legte den Hobel beiseite und klatschte in die Hände. Seine Augen strahlten, als er uns vorbeigehen sah.

„Nur noch schön im Gleichschritt, Kinder, das müsst ihr noch lernen. Da könnten wir ja schon fast die alten schwarz-weiß-roten Fahnen wieder rausholen!"

Der Lehrer am Ende des Zuges winkte ihm zu.

Wir hatten die Brücke in der Dorfmitte noch nicht erreicht, als wir laut die Stimme von Onkel Otto hörten.

„Kinder, sollen wir nicht etwas singen?"

Ein Jubelschrei war die Antwort.

Er stimmte an und schon fielen alle ein:

Auf, auf zum fröhlichen Jagen,
auf in die grüne Heid!
Es fängt schon an zu tagen,
es ist die höchste Zeit.

Lehrer Lötz an der Spitze blickte sich um und ein wohlwollender Blick glitt über die lange Kinderschar. Lehrer Krusemann musste am Ende ein paar Nachzügler antreiben, doch er war froh, dass er mit seinem Holzbein auch selbst etwas langsamer gehen konnte, ohne dass es auffiel.

Es ging hinauf zum Siepen, über die kleine Anhöhe hinweg, und dann hinunter in das Waldstück, in dem hohe Kiefern und Fichten wuchsen. Dazwischen helle grüne Laubbäume. Überall konnte man hier am Boden die bis zu kniehohen Sträucher der Waldbeere finden. Zwischen den grasgrünen, elliptisch geformten Blättern leuchteten uns die schwarzblauen Früchte entgegen. Das sollte jetzt unser Revier werden.

Die Erwachsenen ließen sich auf einer mitgebrachten Wolldecke nieder. Wir mussten noch einmal antreten, hörten letzte Instruktionen und verteilten uns dann nach dem Wegtreten in alle Herrgottsrichtungen.

Die älteren Schüler liefen schnell ein gutes Stück. Sie kannten die guten Stellen und sie wollten sich nicht mit zig anderen Kindern um ein paar Sträucher in der Nähe streiten.

„Kommt, wir gehen hier den Hang hinunter“, sagte Ottomar, „da ist sonst keiner.“

„Aber da gibt es auch keine Beerensträucher“, entgegnete ich. „Wir müssen weg von den Nadelbäumen.“

Wir liefen über den Waldboden. Er war weich, nur Moose und herabgefallene Nadeln oder Laub.

Inge und Wolf waren auch bei uns. Und die blonde Karoline ging hinter uns her.

Inge zeigte nach links: „Da, in dem kleinen Waldstück könnte es doch welche geben.“

Wir hatten Glück. Kein Mensch um uns herum und plötzlich Unmengen von Waldbeeren. Die Sträucher waren voll. Wir pflückten wie wild. Kaum dass wir es wagten, mal eine Beere im Mund verschwinden zu lassen.

Als die Trillerpfeife von ferne schrill durch den Wald ertönte, machten wir uns wie vorgeschrieben unmittelbar auf den Rückweg. Alle unsere kleinen Behälter waren voll bis oben hin. Nur Ottomar hatte einen Becher, der nur zu etwa einem Drittel gefüllt war.

Karoline bemerkte es zuerst.

„Komm, ich geb dir ein paar von meinen ab."

Wir alle hatten in unserem Eifer kaum darauf geachtet, dass Ottomar durch sein Handikap immer nur eine Hand zur Verfügung gehabt hatte, zum Pflücken oder zum Halten des Bechers. Viel war da nicht zusammengekommen. Er kämpfte mit den Tränen.

Ich fand Karoline genial. Ich warf ihr einen anerkennenden Blick zu. Sofort wanderten auch aus meiner Tasse und dann aus denen der anderen ein paar Beeren in Ottomars Becher, bevor wir den Appellplatz erreichten.

Krusemann saß auf einem Baumstumpf. Vor ihm stand eine große Zinkwanne, in die wir nach und nach unsere Beute schütteten. Er machte hier und da ein paar Bemerkungen, mal ein Lob, mal ein kleiner Tadel.

Ein Junge aus der vierten Klasse hatte sein Gefäß nur halb voll.

„Zeig mal deine Zähne", sagte der Lehrer.

Der Junge lachte ihm tiefblau entgegen.

„Das hab ich mir gedacht! Die Guten ins Kröpfchen, die Schlechten ins Töpfchen. So geht das Sprichwort aber nicht. Das will ich nicht noch mal erleben!"

Ottomar war an der Reihe.

„Oho, wie hast du einarmiger Bandit denn das geschafft?"

Er lachte laut und blickte, Zustimmung für seinen Witz erheischend, Onkel Otto an.

Otto kannte das Märchen von Aschenputtel gut.

„Ich glaube, die Täubchen haben ihm geholfen“, sagte er und kniff uns ein Auge zu.

Lehrer Krusemann blickte etwas irritiert.

Die Jungen der achten Klasse kamen verspätet. Der Lehrer wirkte schon ungehalten.

„Zeigt mal eure Becher!“

Voll waren sie, aber neben reifen Früchten gab es auch unreife und grüne Blätter.

„Da schau einmal her. Einen Waldbeerkamm habt ihr benutzt. Schnell mal drüberratschen und sich dann ins Moos legen. Euch Burschen werd ich helfen! Seht nur dieses unreine Resultat! Und die Pflanzen werden noch dazu so verletzt, dass es demnächst nur eine halbe Ernte gibt!“

Er war hochgradig zornig.

„Die Raffeln liefert ihr jetzt hier ab. Dann geht ihr sofort noch mal los. Die anderen Kinder können eine Pause machen.“

Lehrer Lötz steckte sich noch einen Stumpen an. Er paffte zufrieden ein paar Rauchwolken in die klare Luft. Seine Frau hielt ihr Gesicht der warmen Sonne entgegen. Die erste Wanne war schon fast zur Hälfte voll mit Waldbeeren.

Wir aßen unsere mitgebrachten Butterbrote. Onkel Otto saß bei uns.

„In Finnland reifen unermesslich viele Wildbeeren. Die Fichten- und Birkenwälder dort sind geradezu ideal dafür. Nur aufgepasst, man darf sich nicht von einem Bären erwischen lassen. Die mögen die Beeren nämlich auch."

Otto lachte und fügte leise hinter der Hand hinzu: „Die sind noch gefährlicher als euer Lehrer." Wir blickten verstohlen zu Krusemann hinüber.

„Wir haben uns dort immer eine Blaubeerkaltschale zubereitet. Haben wir von Pekka, dem Koch, gelernt. Ganz einfach: Wasser, Blaubeeren und Zucker im Topf kurz ziehen lassen, dann etwas Kartoffelmehl mit Wasser glatt rühren und untermischen. Fertig. Ihr glaubt nicht, wie das schmeckt!"

Ottomar war der Einzige, der ihm nicht gespannt zuhörte. Onkel Otto nahm ihn schließlich beiseite. Er spürte, dass etwas mit ihm nicht stimmte.

„Komm, wir gehen ein paar Schritte."

Sie schlenderten über den Waldweg.

„Weißt du, der Lehrer hat selbst große Probleme. Sein Holzbein, irgendwie verkraftet er das nicht. Er ist nicht mehr perfekt und unfehlbar. All seine Minderwertigkeitsgefühle kann er nur überwinden, indem er andere runterputzt. Er meint nicht dich, wenn er dich beleidigt, sondern sich selbst."

„Aber er tut mir immer weh", sagte Ottomar, „ich hasse ihn."

Onkel Otto legte eine Hand auf seine Schulter: „Das verstehe ich gut."

Die zweite und die dritte Runde Waldbeersuchen begannen. Obwohl der Eifer etwas nachließ, waren doch bei den meisten der Kinder schließlich die Sammelbehälter gut gefüllt und die beiden Zinkwannen am Ende voll.

Wir saßen noch ein wenig im Wald. Ich nutzte die Gelegenheit und fragte Onkel Otto: „Was sind das für Leute in den Baracken? Ich versteh das nicht."

„Nun ja, kurz bevor du geboren wurdest, im Sommer 1946 kamen die ersten Heimatvertriebenen hier bei uns an. Weißt du, wir hatten ja den Krieg verloren und im Osten des Reiches wurden dann die Deutschen vertrieben, aus Ostpreußen oder aus Schlesien. Erst hatten unsere Nazis da gewütet und dann mussten wir eben leiden. Die Leute flüchteten hierher zu uns."

Ich konnte mir das gar nicht vorstellen. „Haben sie alles dagelassen und sind einfach weg?"

„Sie hatten nur noch ihr Leben und vielleicht einen Koffer an der Hand. Das war schon schlimm für die Menschen. Ihre Häuser, ihre Wohnungen, ihre Heimat, zehn Millionen mussten einfach alles verlassen. Sie kamen hierhin in den Westen, wo in den Städten auch alles vom Krieg zerstört war, wo man nichts zu essen hatte. Und das weißt du ja, viele wohnen noch immer hier in den Baracken."

Das Lied auf dem Rückmarsch klang etwas müde. Aber jeder durfte seinen letzten gesammelten Becher mit nach Hause nehmen. Die beiden Lehrer bekamen jeweils einen kleinen Eimer voll mit Beeren. Ob Onkel Otto Waldbeeren bekam, erfuhren wir nicht. Alles Übrige wurde zu Kaufmann Martin gebracht und dort verkauft. Schulleiter Lötz freute sich, die Kasse für die nächste Weihnachtsfeier auffüllen zu können.

Inge, Ottomar und ich brachten unsere Ausbeute zu Oma Johnke. Sie backte einen herrlichen Waldbeerkuchen.

10 DIE RÖHRE

Bei der nächsten Probe der Listertaler Blaskapelle im Saal von Vollmerhaus' Gaststätte sprach zunächst niemand über die Vorfälle bei Mariechen Kücks Beerdigung.

Man stellte sich so auf, dass seitlich von hinten durch die Fenster etwas Licht auf die Ständer mit den Notenblättern schien. Insbesondere Gottlieb Rodemann benötigte in dem düsteren Raum diese Helligkeit für seine Partitur.

Links neben der Tür standen auf einem Regalbrett ein paar verstaubte Pokale, vom Schützenfest und auch von Wettbewerben, an denen die Blaskapelle teilgenommen hatte. Hell blinkerte in der Mitte eine kleine silberne Ehrenvase vom Musikverein Schmallenberg. Dahinter an der Wand waren Stühle aufgestapelt, die etwa bei den monatlichen Filmvorführungen in Reih und Glied aufgestellt wurden. Jetzt standen sie aufeinander oder hingen irgendwie ineinander. Die zu hohen Stuhlstapel neigten sich schief oder waren sogar umgefallen. Man mochte dieses Chaos kaum ansehen.

Der Saalboden bestand aus Dielenbrettern, die beim Betreten knarrten und quietschten. Kapellmeister Rodemann hasste kaum etwas mehr, als dass die Musikanten sich nach dem Ende eines gespielten Stückes zu schnell wieder bewegten und statt eines angemessenen und nachhallenden Silentiums sich ein Knacken und Knastern des Holzbodens hören ließ.

Wie stand es mit der verwendeten Literatur? Natürlich hätte Rodemann nichts lieber als originale symphonische Blasmusik eingeübt, klassische Bearbeitungen, Konzertwerke und Ouvertüren, vielleicht auch noch Operettenbearbeitungen. Aber es war für die Traditions- und Brauchtumsveranstaltungen doch eher eine bayrisch-böhmische Blasmusik gefragt, wenn nicht gar blasmusiktypische Stimmungs- und

Unterhaltungsmusik. Für die Festzüge mussten es dann Traditionsmärsche aus Deutschland oder Österreich sein.

Auf vielfachen Wunsch sollte heute die *Märkische Heide* einstudiert werden.

Hie Brandenburg allewege
sei unser Losungswort.
Dem Vaterland die Treue
in alle Zeiten fort.
Steig hoch, du roter Adler,
hoch über Sumpf und Sand.
Hoch über dunkle Kiefernwälder,
heil dir, mein Brandenburger Land.

Gottlieb Rodemann war diesem Wander- und Marschlied nicht sonderlich zugeneigt, ja, er hatte sogar deutliche Ressentiments geäußert. Zwar war das Lied schon in den Zwanzigerjahren entstanden, doch wusste er, wie schon 1930 der Frontsoldatenbund Stahlhelm den Text umgedichtet hatte:

Hie Brandenburg allewege
sei unser Losungswort.
Dem Hakenkreuz die Treue
und treu zu Schwarz-Weiß-Rot.

Gesungen wurde es in der SA, der SS und in der Hitlerjugend. Von daher war es auch bei vielen der Musikanten noch bekannt und beliebt.

„Es stammt aber aus der Wandervogelbewegung“, wurde ihm entgegengehalten, „die wurde doch sogar von den Nationalsozialisten aufgelöst. Und wir singen das Lied ja nicht, sondern spielen es nur.“

„In meinen Augen ist es ein Nazilied“, hatte Rodemann immer wieder vorgebracht.

Es wurde abgestimmt und jetzt musste die *Märkische Heide* eingeübt werden. Ob nicht doch gewissen Leuten der umfrisierte Text dabei genüsslich durch den Kopf ging, da war sich Rodemann nicht sicher.

Die Kapelle bestand aus etwa zwanzig aktiven Mitgliedern. Es gab mehrheitlich Blechbläser, nur wenige Holzblasinstrumente, zwei Querflöten, eine Piccoloflöte und zwei Perkussionisten.

Rodemann bedauerte sehr, dass der einzige Tubaspieler im vergangenen Herbst an einer Lungenentzündung gestorben war. Jetzt war die Stimme des tiefsten aller gängigen Blechblasinstrumente, der *Röhre* – wie man ein wenig flapsig sagte –, im Orchester nicht mehr besetzt. Das war ein entscheidendes Manko.

In der Pause, als die Blaskumpanen durch die geöffnete Terrassentür nach draußen getreten waren, der eine oder andere sich eine Zigarette ansteckte, ergriff Frisör Fingerhut das Wort.

„Rodemann, weißt du eigentlich, dass es in den Baracken einen Tubaspieler gibt? Er war letzten Sonntag bei mir zum Schneiden. Er heißt Wollnik und stammt aus Oberschlesien."

Sofort war der Kapellmeister hellhörig.

„Was hat er dir erzählt?"

„Er hat in der Werkskapelle der Kalk- und Zementwerke in Oppeln gespielt. Erst Posaune und dann Tuba. Ist auch ein kräftiger Kerl, der kann das Instrument schon halten. Haare hat er aber nicht mehr so viel."

„Aus den Baracken, sagst du?", mischte sich der Jäger ein. „Spielt denn von denen schon einer bei uns mit? Muss das denn sein?"

„Der hat doch sicher nicht einmal ein Instrument. Die kamen doch alle nur mit einem Koffer hier an."

Rodemann hob beschwichtigend die Hände.

„Zunächst einmal wichtig ist doch, ob er das Instrument einigermaßen beherrscht. Alles andere werden wir im Nachhinein klären."

„Da bin ich aber anderer Meinung", sagte der Jäger. „Wir sind eine Traditionskapelle. Wir stellen etwas dar im Dorf und jeder Hergelaufene ist da nicht unbedingt willkommen."

Ein paar weitere der Männer stimmten ihm mehr oder weniger lautstark zu.

„Eine Tuba ist doch eine Chance für uns", sagte Rodemann, „wenn der spielen kann! Der kriegt seine Uniformjacke an und sieht aus wie einer von uns."

„Ich bin dagegen", sagte der Dahlhaus-Bauer. Ein paar andere nickten.

Rodemann ließ nicht locker. Schon am Tag darauf machte er sich auf den Weg zu den Baracken. Er fand Wollnik in dem linken Gebäude, das am nächsten zum Steinbruch gelegen war. Er war ein untersetzter Mann mittleren Alters mit schon schütterem Haar. Er trug ein graues Unterhemd und darüber eine dunkelblaue, schon ziemlich verschlissene Schlosserjacke aus Baumwolle. In seinem rundlichen Gesicht blitzten zwei helle Augen.

„Dann setz dich ma zu mir", sagte Wollnik, als Rodemann steif in der Eingangstür zu seinem Barackenabteil stand. „Ich bin der Valentin."

„Angenehm“, entgegnete Rodemann. „Ich heiße“, er hüstelte, „ich heiße Gottlieb.“

Es roch nach Kohl. Dämmerlicht im Raum.

„Is ja nich oft, dass sich einer aus dem Dorf hierher verläuft.“

Rodemann bemerkte, dass von der Seite, wo das Fenster war, kühle Luft ins Zimmer zog. Er blickte hinüber.

„Nu, hat uns in der Nacht wieder einer eine Nachricht geschickt. Um kurz vor zwölfe hat's geklingelt. Es war ein Pflasterstein, nur ein kleiner, mitten durch die Scheibe. Wenn nur die Ludwina, meine Frau, nicht so Angst haben tät. Dreckskerle sind das. Aber wir melden's schon gar nicht mehr. Kümmert sich eh keiner drum.“

Rodemann blickte betroffen. Was sollte er sagen? Er wünschte sich weg, nur weg von hier. Er räusperte sich.

„Ja, wissen Sie, ja, Valentin, ich leite die Blaskapelle im Dorf.“

„Das ist mir schon bekannt. Willst du vielleicht einen Kaffee? Ludwina, bring dem Herrn doch mal ein Tässchen.“

Rodemann sah sich genauer im Raum um: ein Bett, auf dem eine karrierte Tagesdecke offensichtlich Plumeau und Kopfkissen verdeckte, unterm Bett ein oder zwei Koffer, ein offenes Regal mit ein paar Küchenutensilien und Vorräten, eine Spüle in der Ecke und eine Kochplatte und der Tisch, an dem sie saßen. Viel Licht fiel durch das Fenster nicht in den Raum. Es zog.

„Ja, ich bin hier wegen der Blaskapelle. Von Herrn Fingerhut, dem Frisör, habe ich erfahren, dass Sie, dass du, auch ein Instrument spielst.“

Valentin Wollnik nickte mit dem Kopf. Eine Zeitlang blickte er stumm auf den Tisch.

„Ach, weißt du, alles mussten wir zurücklassen. Die Heimat, die Familie, die Freunde, die Wohnung, auch das Instrument, die Luft zum Blasen. Schon im Winter 1944 sind so viele auch aus Schlesien geflohen, mit dem Pferdefuhrwerk oder dem Handkarren oder einem Bündel in der Hand."

Wollnik entfuhr ein tiefer Seufzer.

„Wir sind damals noch geblieben. Meine greisen Eltern hätten das nicht überlebt. Aber die Polen nahmen jetzt ihre Rache an den Nazis. Alle Deutschen waren für die Nazis. Deutsch sprechen war verboten. Nicht nur in der Schule und der Kirche, nein auch zu Hause in der eigenen Wohnung. Wir hatten Angst, ein paar deutsche Worte zu sprechen. Alles wurde enteignet. Tausende kamen in Lager, viele wurden sogar ermordet. So haben sie schließlich auch uns vertrieben."

Er blickte Rodemann jetzt direkt ins Gesicht.

„Aber hier im Westen gab es ja auch nur Ruinen und nichts zu essen. Wir kamen in ein Grenzdurchgangslager und schließlich sind wir irgendwie hier gelandet. Wo man uns auch nicht haben will. Sei ehrlich, ihr wollt uns nicht!"

Rodemann machte eine unbeholfene Geste.

„Ich hab nur noch Ludwina", fuhr Wollnik fort, „und dieses kleine Zimmerchen und ein Tässchen Kaffee am Nachmittag. Ich soll zufrieden sein, dass ich lebe, sagt sie. Unsere Kinder hat es nach Hamburg verschlagen. Gott soll sie schützen. Und jetzt fragst du nach Musik, ja, die fehlt mir auch oft."

Als Wollnik zwei Wochen darauf zögernd den Probenraum bei Vollmerhaus betrat, verstummten alle Gespräche. Am Himmel zogen graue Wolken vorbei, so dass es im Saal noch düsterer war als gewohnt.

„Das ist", Rodemann hüstelte wieder, „das ist Valentin. Wir wollen ihn bei uns begrüßen."

Keiner sagte ein Wort, keiner regte sich.

Links auf einem Stuhl stand die blitzende Tuba, glänzendes Messing, aus der Familie der Bügelhörner, mit vier Ventilen, Kesselmundstück und enormem Schallbecher. Dieses Instrument durfte im Orchester nicht fehlen! Und es schien so selbstbewusst und von sich überzeugt, dass es gar nicht nötig war, es vielleicht zweifach zu besetzen. Welches andere Instrument war denn in der Lage, einen Tonumfang von vier Oktaven zu leisten? Die Tuba kann durch einen herausragenden Klangcharakter in allen Registern begeistern. Es fehlte nur ein qualifizierter Musiker mit einwandfreier Intonation und angemessener Spielfreude.

Valentin Wollnik achtete nicht auf die Reaktionen seiner mutmaßlichen Mitspieler, ging zwei, drei Schritte auf das Instrument zu, blieb dann wieder stehen. Mit großer Ehrfurcht ging sein Blick vom Messingmundrohr über die Silberinnenzüge bis hin zu den Drehventilen und dem großen Trichter. Er war überwältigt. Fast kamen ihm die Tränen.

Rodemann blickte schräg von hinten auf Valentin und wartete ab. Nur mit viel gutem Zureden, leidenschaftlichem Einsatz, vehementen Versprechungen und persönlicher Bürgschaft hatte er die Witwe des ehemaligen Tubaspielers und jetzige Besitzerin des Instruments dazu überreden können, es zur Verfügung zu stellen.

„Deinem Mann wäre es sicher eine Freude, wenn die Tuba nicht – vom Zinkfraß zerfressen und mit Beulen versehen – auf dem Dachboden verendet. Ich habe einen Musiker, der sie zu neuem Leben erwecken wird."

Jetzt ging Valentin auf die Tuba zu. Keiner sprach ein Wort. Er berührte das Instrument, das wohl einen Meter an Höhe verzeichnete, nahm es auf, stützte es mit der linken Hand, legte die Finger der rechten Hand auf die ersten drei Ventile, setzte die Lippen an das Kesselmundstück und brachte den ersten Ton hervor.

Was zunächst noch zögerlich und brüchig erschien, wandelte sich bald zu einer guten Intonation, satt und warm, voll und mächtig im Klang, jedenfalls mit Leidenschaft gespielt.

Als Valentin das Instrument absetzte, war es mucksmäuschenstill im Saal. Alle sahen dann zu Rodemann hinüber.

„Danke, danke", sagte er, „das Instrument reagiert immer noch auf eine gekonnte Ansprache. Und der Valentin – na, das muss ich schon sagen – wird sich mit der Röhre schon verstehen. Da habe ich keine Zweifel. Willkommen als Tubist bei den Listertalern."

Es gab zwei, drei Bravo-Rufe, vereinzelten Applaus und skeptisches Kopfnicken. Valentin Wollnik war aufgenommen.

11 DAS HEFT

Als Vaters Bekannter Arnold aus der Stadt am Wochenende zu Besuch kam, brachte er uns ein Federballspiel mit. So etwas hatten wir im Dorf noch nicht gesehen.

Es gab zwei Schläger, deren Holzrahmen mit einem Saitengeflecht bespannt waren, und einen Federball. Dieser bestand aus einer kleinen, halbrunden Gummischale, in die im Kreis eine Reihe von kurzen Gänsefedern eingesteckt war. Die beiden Spieler mussten nun versuchen, den extrem leichten

Ball möglichst oft in der Luft hin und her zu spielen. Dabei durfte er den Boden nicht berühren.

Mein Bruder Kurt und sein Freund Klaus waren sofort begeistert. Sie gaben die Schläger nicht mehr aus der Hand. Wir Kleinen quengelten und schubsten sie, aber wir hatten gegen die großen Jungen keine Chance.

„Bitte, lasst uns einmal auch probieren", schrie ich.

Beim Abendbrot saß unsere Familie mit Vaters Freund um den Tisch. Sie kannten sich von früher aus Köln. Er war von Beruf irgendetwas Industrielles, war immer tadellos gekleidet und hatte „gute Manieren", wie meine Mutter sagte.

Sie hatte eine Dose Heringsfilet in Tomatensoße aufgemacht und auf einem Teller angeboten. Ich war immer noch wütend wegen des verhinderten Federballspiels. Der Bekannte nahm jetzt das Heringsfilet zu sich und löffelte etwa die Hälfte der Dose heraus.

Ich war außer mir.

„Denkst du, wir wollen nicht auch etwas von dem Fisch abbekommen?", zischelte ich. Meine Mutter trat mich unter dem Tisch.

„Ich glaube, die Jungen haben das Federballspiel schnell lieb gewonnen", lenkte mein Vater ab.

Arnold, zu dem wir Kinder bald alle Onkel Arnold sagten, hielt inne, sah auf seinen Teller. Er war sich unsicher, ob er etwas falsch gemacht hatte.

Meine Mutter sagte: „Arnold, lass es dir nur schmecken!"

Er hatte für meinen Bruder und mich auch noch eine Tafel Vollmilchschokolade mitgebracht.

Als wir auf unseren Betten saßen, sagte mein Bruder: „Die ist für uns beide. Wir müssen teilen." Jeder bekam seine Hälfte. Eine Tafel Schokolade war für uns schon etwas Besonderes.

„Ich wette mit dir", sagte mein Bruder, „dass ich meine Hälfte schneller aufessen kann als du."

Da war ich mir nicht so sicher.

„Machen wir einen Wettbewerb. Der Verlierer muss dem anderen ein Stück Schokolade abgeben."

Ich war einverstanden.

Die Tafel wurde aufgerissen. Sie wurde geteilt.

„Mach dich bereit", sagte mein Bruder, „die Hände müssen auf den Knien sein. Wenn ich *los* sage, dürfen wir beginnen zu essen."

Mir kribbelte alles vor Aufregung.

„Warte noch", sagte mein Bruder Kurt. „Wir müssen uns konzentrieren. Es geht um alles."

Ich blickte gespannt auf meine halbe Tafel Schokolade. Konnte ich ihn besiegen? Eigentlich war ich siegessicher.

Das Kommando: „Los!"

Ich griff blitzschnell zu. Ich brach gleich zwei Stücke von der Tafel, schob sie in den Mund, kaute, nahm noch einmal zwei Stücke nach. Ich spürte, wie sich die Schokoladenmasse mit dem Speichel verband, wie ich schlucken konnte. Kaum hatte ich Zeit, auf Kurt zu achten. Die Hälfte meiner halben Tafel war fast schon verspeist, heruntergewürgt. Auch Kurt machte Schmatzgeräusche, schob etwas in seinen Mund. Ich kaute jetzt schon verzweifelt, war aber frohgemut, weil Kurt offensichtlich immer noch an seinen ersten Stückchen herumlutschte. Ich war eindeutig besser und dem Sieg nahe.

Dicke, kaum zerkaute Brocken schluckte ich, mir fehlte fast die Luft. Es tat weh im Hals. Noch zwei Stücke Schokolade. Weg, weg, hinunter, hinunter.

„Fertig“, keuchte ich, noch völlig außer Atem.

„Oh, das hast du wirklich gut gemacht“, sagte mein Bruder. „Alles brav aufgegessen.“

Ich blickte ihn völlig erschöpft an.

„Du hast gewonnen, Heiner, hier ist dein Stück Schokolade, das du als Sieger bekommst.“

Ich war wirklich nicht mehr in der Lage, Schokolade zu essen.

Mein Bruder sagte: „Ich habe ja noch nicht mal einen halben Riegel geschafft. Du warst wirklich gut.“

Und da erkannte ich es: Meine Hälfte war unnütz verschlungen und er brach sich jetzt genüsslich ein Stück Schokolade nach dem anderen ab, führte es in den Mund und sagte: „Oh, das schmeckt ja ganz köstlich. Wo hast du denn deine Hälfte?“

Wütend warf ich ihm mein Siegerstückchen an den Kopf. In blinder Wut trommelten meine Fäuste auf ihn ein. Aber er lachte nur, wehrte mich mit Leichtigkeit ab.

Mein Bruder war schnell wie der Wind. Er kannte sich überall aus im Wald. Ich wusste nicht, was ich heimlich mehr an ihm bewunderte: dass er aus Haselnussstöcken Flitzebögen bauen oder dass er abends bis in die Nacht wach bleiben konnte. Was machte er dann noch, wenn mir trotz aller Mühen die Augen zufielen?

Er und sein Freund Klaus hatten ein Geheimnis. Ottomar und ich, wir waren uns da sicher. Wir sahen sie tuscheln, wenn wir uns näherten. Oft gaben sie sich heimlich Zeichen und dann gingen sie weg, jeder in eine andere Richtung. Erst vor dem Abendessen tauchten sie wieder auf. Wo waren sie gewesen? Was hatten sie gemacht? Wir kamen einfach nicht dahinter.

„Wir müssen sie heimlich verfolgen“, sagte Ottomar.

Zuerst versuchten wir es bei Klaus. Er ging die Dorfstraße hinauf zum Kaufmann Martin. Wir versteckten uns hinter dem Schuppen vorm Haus. Klaus kam heraus. Ihm hing etwas aus dem Mund.

„Er hat sich eine Lakritzpfeife gekauft“, sagte ich.

„Komm, wir holen uns auch eine“, sagte Ottomar. „Da hab ich jetzt richtig Hunger drauf. Ich hab noch 10 Pfennig Taschengeld.“

Als wir aus dem Laden kamen, war Klaus verschwunden.

Beim nächsten Mal beschatteten wir Kurt. Er ging über die kleine Brücke am Bach. Hatte er uns bemerkt? Dann stieg er auf die dicke Eiche und setzte sich unten in die Astgabel.

„Was soll das jetzt?“, fragte Ottomar.

Wir lagen am Abhang hinter den Büschen und warteten. Lange. Aber unsere Geduld war bald zu Ende. Es wurde jetzt im Herbst auch schon ziemlich kalt.

„Komm, wir hauen ab, der ist da eingeschlafen.“

Wir kamen ihnen einfach nicht auf die Schliche.

Dann hatte ich Geburtstag. Schon morgens gab es leckeren Kakao mit Milch. Wir schleckten uns die Mäulchen. Ich bekam Geschenke. Zunächst einen von Mutter gestrickten ärmellosen Pullover. Dann präsentierte mein Vater das Hauptgeschenk. Es war ein Blechmodell eines fast dreißig Zentimer langen Reisebusses. Er war unten hellbraun und oben silbern lackiert. Er hatte eine schöne Schnauze und freilaufende Räder.

„Er ist von Hand gefertigt“, sagte mein Vater gewichtig. „Eigentlich ist der Bus nicht zum Spielen geeignet. Es ist ein absolutes Sammlerstück. Wir haben ihn von der Bezirksregierung bekommen.“

Er blickte unheimlich stolz und strich mir über das Haar. Aber er meinte nicht mich, sondern diesen Bus. Also, spielen sollte ich ja nicht damit.

Nach der Schule hatte ich Kinder eingeladen: Ottomar, Inge, Wolf und – zum ersten Mal – Karoline.

Meine Mutter hatte alles vorbereitet. Es gab Kalte Hundeschnauze. In der Kastenform zubereitet mit Palmfett, Zucker, Kakao und Keksen. Das schmeckte. Mein Bruder und sein Freund Klaus waren auch dabei.

„Was hast du eigentlich deinem Bruder Heiner geschenkt?“, fragte meine Mutter. Sie sah ihn vorwurfsvoll an.

Kurt zuckte mit den Schultern.

„Das gibt es ja wohl nicht! Mal sehen, ob *du* etwas zu *deinem* Geburtstag bekommst.“

Man merkte, dass meine Mutter böse war. Es entstand für einen Augenblick Stille.

„Warte“, sagte ich schnell, „Kurt braucht mir nichts zu schenken. Aber, bitte“, ich wandte mich an ihn, „verrate mir euer Geheimnis.“

Kurt sah seinen Freund Klaus an. Der machte große Augen. Alle hörten plötzlich zu. Kurt war in die Enge gedrängt. Er machte einen spitzen Mund.

„Wir werden es uns überlegen“, sagte er schließlich.

Die Mutter verstand nicht, worum es ging. Aber sie sah, dass ich ziemlich zufrieden blickte. In der Küche pfiff der Wasserkessel. Schnell rannte sie hinaus.

Ich bestand darauf, dass Ottomar dabei sein durfte. Sie willigten schließlich ein. Am Samstag nach der Schule und dem Mittagessen trafen wir uns vor der Scheune. Wir gingen über die kleine Brücke und auf der anderen Seite des Baches ein Stück am Ufer entlang. Als wir von hinten an den Hohlweg hinter den Häusern gelangten, blieben die großen Jungen stehen. Hier begann der Apfelgarten.

„Es darf immer nur einer mitkommen", sagte Klaus. Er holte aus der Tasche ein schwarzes Tuch, das sie mir um die Augen banden. Sie zogen es so fest, dass ich kurz aufschrie.

„Und, Ottomar, du bewegst dich nicht von der Stelle! Andernfalls holen wir dich nicht nach."

Mein Bruder fasste mich unter dem Arm. Zunächst ging ich noch ziemlich zögerlich und tapsend. Aber bald lief es besser. Ich hatte das Gefühl, dass wir den Weg wieder zurückgingen, wieder am Bach entlang.

„Stopp", sagte Kurt. Sie drehten mich mehrmals im Kreis, bis ich völlig die Orientierung verlor. Weiter ging's. Über ein Stück Wiese, dann einen Weg entlang. Das fühlte ich. Noch einmal wurde ich gedreht. Es ging einen Abhang hinauf, ich hörte ein paar Kühe muhen. Aber es war unmöglich nachzuvollziehen, wo wir uns befanden.

„Wir sind da", sagte Klaus endlich.

Ich hörte ein Geräusch. Das könnte das Quietschen eines Riegels im Schloss sein. Ich musste mich etwas bücken, dann waren wir in einem kleinen Raum. Ich tastete mit den Händen.

„Setz dich!“

„Ich hole Ottomar.“ Das war Kurts Stimme.

„Wo sind wir?“, wollte ich wissen.

„Warte, bis Ottomar und Kurt da sind.“

Im Dunkeln kommt einem die Zeit viel länger vor, aber schließlich waren draußen Schritte zu hören.

Als wir alle versammelt waren, durften wir die Binden abnehmen. Es war ziemlich dunkel, nur an einer Seite gab es ein sehr schmales Fenster. Dann entzündeten sie eine Kerze.

Im flackernden Licht sahen wir den Raum. Wir waren in einer kleinen Hütte, vielleicht zwei mal zwei Meter groß, aus Brettern gebaut. Sie war nur so hoch, dass man gerade stehen konnte. Als wir uns an das Licht gewöhnt hatten, sahen wir immer mehr Einzelheiten.

An der Innenseite der Tür hing ein großes Foto aus einer Illustrierten. Es zeigte eine junge, verführerische Frau, die ihre vollen Lippen leicht geöffnet hatte.

„Wer ist das?“, fragte Ottomar.

„Das ist Ellen Schwiers, eine Schauspielerin, die kennt ihr nicht.“

Oben, fast unter der Decke, standen auf einem Regalbrett ein paar Konservendosen und drei oder vier gefüllte Einmachgläser. Auf einer Kiste gab es Wassergläser, zwei Henkeltassen und anderes Geschirr. Wir waren beeindruckt.

„Habt ihr die Hütte selbst gebaut? Was macht ihr denn hier?“

„Na, was wohl, ihr Knirpse?!“

Sie lachten sich kaputt.

„So, damit es auch ein richtiges Geburtstagsgeschenk ist, laden wir euch jetzt zum Kirschenessen ein."

Sie nahmen ein Einmachglas vom Bord, zogen es an der Gummilasche auf, nahmen den Glasdeckel ab und füllten für jeden eine Portion in eine kleine Schale.

Ich muss sagen, ich war von meinem Bruder begeistert. Alles konnte ich ihm jetzt verzeihen, sogar die Geschichte mit dem Schokoladenwettessen. Dass sie uns mit hierhin genommen hatten! Das war ja so spannend wie in einem Roman über Kalle Blomquist. Ich wäre ihm am liebsten um den Hals gefallen. Niemals habe ich so leckere Einmachkirschen gegessen.

„Die sind ja sogar entsteint", sagte ich.

„Na, wenn schon, denn schon", antwortete Kurt. Auch er fühlte sich stolz und wohl.

Plötzlich hörten wir aus der Ferne einen Hund bellen. Das Gebell kam langsam näher.

„Das ist der Scheißjäger, der hat uns noch gefehlt. Schnell, wir müssen raus hier."

„Und was machen wir mit den Knirpsen? Wenn wir die mitnehmen, sehen sie den Weg zu unserem Versteck."

„Ihr bleibt hier", sagte Kurt schnell, „keinen Mucks. Wir holen euch wieder ab."

Damit waren sie draußen. Der Riegel wurde zugeschoben, das Vorhängeschloss eingehängt und abgeschlossen. Ottomar und ich saßen stocksteif da. Wir lauschten, was draußen geschah.

Das Hundegebell kam immer näher. Wir kannten den Jäger und auch seinen Hund. Es war ein Schweißhund, ein großes braunes Vieh, vor dem wir Respekt hatten. Auch der Jäger war ziemlich abweisend in seinem Verhalten. Bald hörten wir sie schon vor der Hütte. Der Hund hechelte. Der Jäger rappelte am Schloss. Wir hielten die Luft an. Er brummelte irgendetwas, dann entfernten sie sich wieder.

Nach einer Weile wagten wir es, uns zu bewegen. Das Kerzenlicht brannte noch. Draußen war es ruhig. Wir sahen uns genauer in der Bude um. Auf den kleinen Holztisch hatten sie etwas eingeritzt. Wir konnten ein paar Buchstaben entziffern, ein D und ein K und am Rand stand RWE.

„Das ist ein Fußballverein“, sagte ich, „da spielt Helmut Rahn, der ist Weltmeister.“

Dann entdeckten wir oben auf dem Regal neben den Einmachgläsern ein Schulheft. Wir schlugen es vorsichtig auf.

„Sieh dir das an!“, sagte Ottomar.

Auch ich guckte erstaunt.

In dem Heft waren zahllose Ausschnitte aus Zeitungen und Katalogen eingeklebt, aus der *Quick* und der *Constanze*. Dazu ein paar Schwarz-Weiß-Postkarten. Alle zeigten schöne junge Frauen, wahrscheinlich Filmschauspielerinnen wie die Ellen Schwiers an der Tür.

Ottomar kannte sogar eine: „Das ist Liselotte Pulver, von der wurde hier schon mal ein Film gezeigt.“

Was noch ungewöhnlicher war: Sie zeigten sich meist in verführerischer Aufmachung und Pose. Mal war eine nackte Schulter zu sehen oder auch ein tiefer Ausschnitt oder ein vorgewölbter Kussmund. Und zwischendurch gab es Frauen, die nur einen Büstenhalter trugen oder ein Mieder oder einen Badeanzug, offensichtlich ausgeschnitten aus einem Modekatalog. Ganz deutlich sah man den Busen. Wir getrauten uns kaum hinzusehen. Das Mysterium des weiblichen Körpers nahm hier verbotenerweise Gestalt an.

Trotzdem mussten wir aus Neugierde das ganze Heft durchsehen. Und dann noch ein zweites Mal.

Immer wenn wir ein Geräusch zu hören glaubten, legten wir das Heft schnell wieder zurück, holten es aber sofort wieder hervor, wenn die Luft rein war.

Schließlich hatten wir genug. Die Kerze war fast hinuntergebrannt. Wir wollten raus, aber an der Tür zu rütteln war sinnlos. Das Fenster war eh viel zu schmal. Hatten uns die Jungen vergessen? Ein Wind kam auf und dann begann es sogar, leicht zu regnen.

„Wenn die uns wirklich vergessen haben und wir hier ein paar Tage bleiben müssen, haben wir wenigstens etwas zu essen“, sagte ich und zeigte auf die Einmachgläser.

„Und wenn wir zur Toilette müssen?“, gab Ottomar zu bedenken.

Mir war schon ein wenig komisch zumute, aber das wollte ich nicht so zeigen.

„Soll'n wir das Heft noch mal ansehen?“

„Ach nein, das reicht jetzt.“

Wir mussten sehen, ob es eine zweite Kerze gab. Nichts zu finden. Es fing schon an zu dämmern.

„Mein Stumpf juckt“, sagte Ottomar, „ich müsste ihn eincremen.“

Als ich hinten aus dem kleinen Fenster blickte, sah ich am Hang zwei Rehe stehen.

„Was meinst du, wo wir sind?“

„Ich glaube, hinter der Schützenwiese, irgendwo Richtung Pütthof."

Dann hörten wir wieder Schritte, die schnell näherkamen. Kurt und Klaus öffneten das Schloss an der Hütte.

„Habt ihr von unseren Vorräten gegessen?"

„Nein, ganz bestimmt nicht."

„Das Heft, wo ist das Heft?"

„Es liegt oben auf dem Brett. Wir haben nichts gemacht."

Klaus sah nach.

„Was macht ihr mit dem Heft? Wofür ist das gut?", fragte Ottomar.

„Das versteht ihr nicht, ihr Knirpse", antwortete mein Bruder. Die beiden Großen sahen sich an. Klaus steckte das Heft unter seine Jacke.

Sie schoben uns aus der Bude. Ohne Augenbinde. Wir gingen los.

„Ihr könnt ruhig sehen, wo es ist. Es ist eh bald vorbei."

Als wir zu Hause ankamen, saß der Jäger mit Vater in unserer Küche.

„So geht das nicht. Da kann doch nicht jeder irgendwo was bauen, was er will. Wo kommen wir denn da hin? Das Ding muss weg."

Das war das Ende der Hütte.

12 BURGEN BRECHEN

Die Tage wurden immer kürzer. Über dem Tannenwald war es früh schon dunkel. Man mochte kaum noch aus dem Haus gehen. Auch der Hund lag lieber auf seiner Decke im Flur. Dann wurde die erste Kerze angezündet. Es ging nun schnell auf Weihnachten zu.

Meine Schwester war jetzt schon ein Dreivierteljahr alt oder noch etwas älter. So genau wusste ich das nicht. Mit so kleinen Babys kann man eh nicht viel anfangen. Aber meine Mutter schrieb alles begeistert in ein kleines Heft: Anne hat ihr erstes Zähnchen, Anne beginnt zu krabbeln, das Greifen gelingt schon ganz gut, sie liegt im Körbchen und plappert vor sich hin.

Was war denn daran so besonders?

Wenn Vater von der Arbeit kam, lief er sofort zu meiner Schwester.

„Und, geht es unserem Sonnenschein gut? Hat sie schon *Papa* gesagt? Ich glaube, sie wartet jeden Tag darauf, dass ich nach Hause komme."

Das machte mich schon etwas eifersüchtig. Alles drehte sich nur um sie. Ich schaute nur kurz auf, während ich aus Stanniolpapier goldene und silberne Sterne ausschnitt.

„Für die kindliche Entwicklung ist es gut, dem Baby etwas vorzusingen", sagte Mutter. Das hatte sie in einer Illustrierten gelesen.

„Ohne Zweifel schult der Gesang das Gehör und den Gleichgewichtssinn. Und unsere kleine Anne wird wichtige Anreize für ihre Körperhaltung und Muskelspannung bekommen."

Na, das hörte sich doch ziemlich übertrieben an.

Aber wenn ich mal auf die Schwester aufpassen sollte, weil Mutter zum Einkaufen ging oder unten in der Waschküche zu tun hatte, trug sie mir immer auf, ihr etwas vorzusingen.

„Am besten passt Onkel Otto auf Anne auf", sagte ich etwas trotzig. „Der kennt alle Lieder und singt für sein Leben gern."

Mutter drohte mir mit erhobener Hand.

„Ist gut, ich sing ja schon. Am besten *Wildgänse rauschen durch die Nacht,* dann kann Anne auch gleich fliegen lernen."

Die Mutter warf mir noch einen scharfen Blick zu und machte sich auf den Weg hinauf in die Eichen zu ihrer Schwester. Sie wollten ein paar Vorhänge für unser Schlafzimmer nähen.

„Wehe, du bist nicht lieb zu dem Kind!"

Das Körbchen stand vorn im Wohnzimmer. Ich machte ein blödes Gesicht und sah hinein. Anne machte irgendwelche Mucksgeräusche und zappelte ein wenig mit beiden Armen. Na gut, ich sollte singen. Aber was sollte ich singen?

Im Frühtau zu Berge wir zieh'n, fallera, das mochte ich ganz gern, aber jetzt kurz vor Weihnachten schien mir das nicht zu passen.

Abend wird es wieder, über Wald und Feld. Auch ein schönes Lied, aber es war noch früh am Nachmittag. Ich wollte meine Schwester auch nicht gleich mit meinem ersten Lied verwirren. Da hätte die Mutter sicher auch geschimpft.

Ich probierte es erst einmal mit einem Gedicht. Es war von Christian Morgenstern und wir hatten es gerade in der Schule gelernt.

Der See hat eine Haut bekommen,
so dass man fast drauf gehen kann,
und kommt ein großer Fisch geschwommen,
so stößt er mit der Nase an.

Das fand ich eigentlich ganz lustig, aber Anne begann zu schreien. Wenn sie schrie, bekam ich immer gleich Panik, weil ich mich so hilflos fühlte.

„Schon gut", sagte ich und schaukelte das Körbchen ein wenig, „ich singe ja. Sag nichts der Mutter."

Vater hätte vielleicht gesungen *Ich hab das Fräulein Helen baden sehn.* Aber das war doch nun gar nichts für ein Baby.

Dann traf ich meine Wahl. Es war ein Lied, das der Pastor uns im Religionsunterricht beigebracht hatte. Das konnte doch so verkehrt nicht sein. Ich sang, so gut ich konnte.

Es mag sein, dass alles fällt,
dass die Burgen dieser Welt
um dich her in Trümmer brechen.
Halte du den Glauben fest,
dass dich Gott nicht fallen lässt:
Er hält sein Versprechen.

Anne hatte sich beruhigt und lächelte. Ihre Körperhaltung zeigte sich gelöst. Sie trug ein Jäckchen mit rosa Ärmeln. Die Ärmchen lagen entspannt auf der Decke. Ich fühlte mich bestätigt und zufrieden. Nur ahnte ich in diesem Moment noch nicht, wie sehr der Inhalt meines Liedes bald erschreckende Realität werden sollte.

Von meinem Erfolg angeregt, machte ich gleich weiter. Einmal in Fahrt schmetterte ich das nächste Lied aus voller Brust.

Wie oft sind wir geschritten
auf schmalem Negerpfad,
wohl durch der Steppen Mitten,
wenn früh der Morgen naht,
wie lauschten wir dem Klange,
dem alten, trauten Sange

der Träger und Askari:
Heia, heia, Safari!

Während ich sang, begann die Kleine zu lachen, und sie spornte mich immer weiter an. Ich schwang die Arme – gut für die Bewegungsmotivation – und marschierte mit festem Tritt um das Babykörbchen herum.

Steil über Berg und Klüfte,
durch tiefe Urwaldnacht,
wo schwül und feucht die Lüfte
und nie die Sonne lacht,
durch Steppengräserwogen
sind wir hindurchgezogen
mit Trägern und Askari:
Heia, heia, Safari!

Das schien ihr wirklich zu gefallen. Ich stampfte auf den Boden, so dass er zitterte, als würde ein Nashorn durch den Urwald ziehen, und klatschte in die Hände dabei. Ich sprang in die Höhe und landete wieder im Steppengras. Anne jauchzte in ihrem Körbchen.

Die dritte Strophe fiel mir im Moment nicht ein und ich sang einfach nochmal lauthals *Heia, Safari!* Da spürte ich es, das Orakel wurde Wirklichkeit, *dass die Burgen dieser Welt um dich her in Trümmer brechen.*

Es begann direkt unter meinen Füßen. Als ich auf meinem *Negerpfad* aufstampfte, gab plötzlich neben dem Teppich der Boden nach. Ich sank zunächst ein wenig ein, etwas Staub stieg auf, ich sprang zurück und dann brach ein ganzes Stück weg, fast so groß wie mein Tornister. Ich hörte, wie ganze Brocken aus der Lehmdecke hinunterfielen und unten im Zimmer aufschlugen. Mein Gott, das war das Zimmer von Oma Johnke! Ich hielt den Atem an, konnte dann durch ein

Loch schon bis nach unten sehen. Aber ich hörte von dort keine Reaktion, keinen Schrei, kein Todesröcheln. An den Rändern brachen zwischen den Balken weitere kleinere Stücke ab, Lehm, Reisig und Stroh.

Ich wollte erstarren vor Schreck. Dann blickte ich zum Körbchen mit Anne. Es stand nahe dem Abgrund. Ich sprang mutig über das Loch, wobei ein weiterer Brocken in die Tiefe flog, und schob meine Schwester in ihrem Körbchen nach hinten vor das Fenster und stellte mich schützend davor.

Jetzt stand ich stocksteif da. Ich lauschte. Ich hörte es noch etwas rieseln, Staub in der Luft. Anne sah mich mit großen Augen an. Dann lachte sie plötzlich und griff mit den Armen nach mir.

„Ich glaube, wir sind gerettet", sagte ich. „Gott hat sein Versprechen gehalten."

Als meine Mutter kam, blieb sie zunächst ungläubig in der Tür zum Wohnzimmer stehen. Dann erfasste sie die Situation, sah das Loch im Boden, das Körbchen mit der unversehrten Tochter in der Ecke vor dem Fenster und den aschfahlen, zu Tode erschrockenen Sohn schützend davor.

„Gott sei Dank!", stieß sie hervor. Dann nahm sie zunächst die kleine Anne auf den Arm und drückte fast im gleichen Moment ihren Sohn mit dem anderen Arm an sich.

„Heiner, mein guter Junge, du hast deine Schwester gerettet."

Ich wurde der Star des Nachmittags. Als Vater nach Hause kam, ging er zuerst auf mich zu und strich mir sprachlos über das Haar. „Ich bin stolz auf dich", sagte er dann.

All dieses Lob war natürlich wunderschön, aber doch auch ein bisschen peinlich. Jedoch vom *Negerpfad* und der Urwaldnacht erzählte ich nichts.

Oma Johnke war zum Glück nicht in ihrem Zimmer gewesen. Sie hatte hinter dem Haus auf der Bank gesessen. Dicke Brocken waren direkt auf ihrem Bett gelandet.

„Das Gesindehaus steht schon weit über hundert Jahre“, sagte der Bauer entschuldigend, „da kann das schon mal passieren. Na, es ist ja keiner zu Schaden gekommen. Wir werden das wieder herrichten.“

Unser Wohnzimmer wurde gesperrt. Oma Johnke musste für ein paar Tage auf dem Sofa beim Bauern schlafen.

Bis Weihnachten konnte die durchbrochene Decke aber nicht wieder instand gesetzt werden. Den Weihnachtsbaum stellten wir also in der Küche auf.

Ich fand es richtig gut, dass die alte Oma am Heiligen Abend mit bei uns in der Küche unter dem Baum saß. Hätte ich sie doch fast vor ein paar Tagen ermordet. Jetzt sollte sie es sich bei uns gemütlich machen.

Wir sangen ein paar Weihnachtslieder und ich sagte ein Gedicht auf. Dann erzählte Oma Johnke von ihrer Heimat, von einem kleinen Ort in der Nähe von Danzig.

Sie kramte ein zerknittertes Blatt hervor.

„Das ist zwar kein Weihnachtsgedicht, aber an besonderen Tagen muss ich immer daran denken“, sagte sie. „Darf ich das vorlesen?“

„Ja, bitte“, schrie ich fast. Vater sah mich verwundert an und gab ihr dann ein zustimmendes Zeichen.

Die alte Oma Johnke las vor:

Joseph von Eichendorff: In Danzig

Dunkle Giebel, hohe Fenster,
Türme tief aus Nebeln sehn,
Bleiche Statuen wie Gespenster
Lautlos an den Türen stehn.

Träumerisch der Mond drauf scheinet,
Dem die Stadt gar wohl gefällt,
Als läg' zauberhaft versteinet
Drunten eine Märchenwelt.

Ringsher durch das tiefe Lauschen,
Über alle Häuser weit,
Nur des Meeres fernes Rauschen –
Wunderbare Einsamkeit!

Und der Türmer wie vor Jahren
Singet ein uraltes Lied:
Wolle Gott den Schiffer wahren,
Der bei Nacht vorüberzieht.

13 KITZBÖCKE

Der Jäger war sehr besorgt wegen der Rehverluste in diesem Winter. Dezember und Januar waren eigentlich zu mild gewesen, aber jetzt im Februar schlug die Kälte unerbittlich und streng zu.

„Seit Menschengedenken hat es so einen kalten Februar nicht gegeben. Bis zu minus zwanzig Grad haben wir gemessen.

Wie sollen unsere Obstgehölze das aushalten? Und dann das Rehwild. Wir haben hohe Verluste zu verzeichnen."

Der Schnee lag so hoch, dass er uns Kindern bis über das Knie reichte. Der Unterricht in der Schule begann nicht vor neun Uhr, weil die Kinder erst nach und nach eintrudelten. Sogar Lehrer Krusemann zeigte Verständnis.

Oben am Siepen wurden ein Reh und zwei männliche Kitze in stark gefrorenem Zustand gefunden. Wie lange sie dort im Revier gelegen hatten, bis man sie gefunden hat, konnte man gar nicht mehr sagen. Aber sie waren offensichtlich in Schlafstellung verendet.

„Ein Rickenkitz von circa elf Kilogramm Gewicht haben wir auf der anderen Seite der Sperre gegriffen, kurz vor dem Unterkühlungstod. Wir haben es zu Toni in den Stall gebracht, aber nach zehn Stunden ist es doch eingegangen."

Der Jäger wirkte sehr betroffen. Er saß mit meinem Vater beim alten Kück in der Küche. Sie rieben sich die Hände und tranken einen Korn gegen die Kälte. Sie saßen dicht am Herd, in dem ein warmes Feuer brannte. Buchenscheite wurden nachgelegt. Die Herdplatte glühte rot. Draußen heulte ein eiskalter Wind. Es war früher Nachmittag, aber die Dämmerung setzte schon gewaltig ein. Der Schneewind pfiff.

„Noch ist dieser Februar nicht vorbei", sagte Albert Kück. „Ich hab es schon geahnt: Ist der Oktober warm und fein, kommt ein harter Winter rein. Wir nehmen noch einen Korn, woll?"

Mein Vater lehnte mit einer Handbewegung ab.

„Ich habe mit meinen Kollegen aus Attendorn gesprochen", sagte der Jäger dann, „die haben festgestellt, dass hauptsächlich Kitzböcke eingegangen sind. Stellt euch das vor: Denen ist der Penis eingefroren und sie konnten den Harn nicht mehr absetzen."

„Nä!", ist alles, was Albert dazu einfiel. Er schüttelte ungläubig und entsetzt den Kopf.

„Sie sind wohl an einer Vergiftung des Blutes mit Harnsubstanzen gestorben."

„Jetzt brauch ich doch noch einen Korn", sagte mein Vater.

Auf dem Weg nach Hause musste er durch den hohen Schnee stapfen. Keine Menschenseele war zu sehen. Er schlug den Kragen hoch und versenkte den Hals zwischen den hochgezogenen Schultern. Ein schneidender Wind fiel über ihn her. Er war froh, dass er unter der Mütze Ohrenwärmer aus Kaninchenfell trug, die mit einem Bügel über dem Kopf gehalten wurden. Der Bus war heute nicht gefahren. Er konnte nicht zur Arbeit kommen.

Wir Kinder hatten von dem Schnee auch schon die Nase voll. Die Kälte biss so sehr in die Wangen und in die Ohren.

„Nicht durch den Mund atmen", hatte meine Mutter gesagt, doch jeder Atemzug, den man durch die Nase einsog, schmerzte.

Aber rechtzeitig zum Sonntag kam, nachdem es in der Nacht nur leicht geschneit hatte, die Sonne hervor und ließ die ganze weiße Pracht erglitzern. Dieser weiße Pelz auf Wald und Feld und Wiesen, auf jedem Baum und jedem Häuserdach strahlte hell und rein. Die gesamte Landschaft funkelte unschuldig und makellos, an die erfrorenen Rehkitze wollte man nicht mehr denken.

Und die Sensation war: Die Talsperre war komplett zugefroren. Das Eis war so dick, dass man ohne Gefahr bis zum gegenüberliegenden Ufer laufen, schlindern oder mit den Schlittschuhen fahren konnte.

Das ließen wir uns nicht zweimal sagen. Das gesamte Dorf war auf dem Eis. Vater, Mutter, mein Bruder Kurt und ich machten einen Besuch bei unseren Freunden in Windebruch. Meine kleine Schwester wurde zu Hause von Oma Johnke versorgt.

Wir waren natürlich mit dem Schlitten unterwegs. Wir liefen an der Sperre entlang. Auf dem Eis am Ufer konnte man Anlauf nehmen und am langen Band den Schlitten auf der glatten Fläche schleudern lassen. Bald war mein Vater außer Atem. Ich saß glücklich auf dem Schlitten.

„Langsam, langsam", rief meine Mutter, aber der Übermut war nicht zu stoppen.

In Windebruch konnte uns der Sonntagskuchen bei den Freunden kaum lange halten. Willi hatte frisch geschärfte Schlittschuhe. Das Vergnügen in der klirrenden Kälte rief. Johlend hinaus.

Dann gab es Blut auf dem Eis. Alles ging wirklich in Sekundenschnelle. Ich hatte auf dem Schlitten gesessen. Willi mit seinen Schlittschuhen schob von hinten. In der Kurve fiel ich vom Schlitten, stützte mich mit der Hand ab. Willi fuhr am Schlitten vorbei.

„Über die Hand", war alles, was ich schluchzend und jammernd hervorbrachte, „über alle Finger."

Meine Mutter war plötzlich da. Ich sank in ihren Arm. Im Haus hielt ich meine zerschnittene Hand weit von mir, wie einen Fremdkörper. Was hatte ich mit dieser Hand zu tun? Sie machte nur wahnsinnige Schmerzen und höllische Angst. Ich hasste sie und konnte nicht hinsehen.

„Dicke Watte“, sagte meine Mutter, „einen festen Verband.“

Wir mussten den ganzen Weg nach Hause laufen. Die Dämmerung kroch heran. Die Sonne war verschwunden und es war bitterkalt. Am Himmel zeigten sich violette Streifen. Wir gingen die Abkürzung durch den Hohlweg. Bedrohlich wölbte sich zu beiden Seiten der Abhang und wir stakten voran wie in einer großen, dunklen Furche. Der Schnee knirschte und der Boden war glatt, wo er ein wenig ausgetreten war. Die fremde Hand schmerzte, in den Fingern pochte es höllisch. Meine Mutter erzählte pausenlos irgendwelche Geschichten. Aber ich konnte kaum zuhören.

„Muss die Hand jetzt ab, wie bei Ottomar?“, schluchzte ich.

„Nein, nein, keine Sorge. Das wird wieder. Ich hatte als Kind mal einen Fuß in Gips. Alles gebrochen. Das war viel schlimmer als bei dir jetzt. Ich bin ein halbes Jahr lang gehumpelt, aber jetzt ist doch alles wieder gut. Hast du schon mal irgendwann bemerkt, dass ich schlecht gehe? Einfach alles wieder gut. Ich kann springen und tanzen. Ja, ich tanze gern. Du hast mich doch auf dem Schützenfest gesehen. Ich habe mit allen getanzt. Nichts mehr am Fuß. Das geht alles vorbei.“

„Bitte nicht“, stöhnte ich. Ich wollte davon nichts hören.

Der Schmerz machte mich fast verrückt. Vor uns lief mit eingezogenem Schwanz eine Katze durch den Schnee und über den Weg.

„Warum läuft denn jetzt hier eine Katze herum?“, sagte meine Mutter sofort. „Miez, miez, verkriech dich lieber in der Scheune, buddel dich ein unter dem Heu. Such dir ein halbwegs warmes Plätzchen. Du frierst doch sicher auch. Aber wie ist sie denn gelaufen? Hast du's gesehen? Von rechts nach links, Freude bringt's. Ja, Katze, du machst uns Mut. Gutes Kätzchen.“

„Ich hasse die Katze", sagte ich.

Dann kamen wir bei Sprattes Eiscafé vorbei.

„Warte nur, wenn der Frühling kommt, ist deine Hand wieder gut. Ganz sicher. Dann ist alles vorbei. Weißt du was? Wir essen dann ein Eis, so viele Kugeln, wie du willst. Und auch noch Sahne obendrauf? Na, meinetwegen. Wie findest du das?"

Zu Hause packte mich Mutter in tausend Decken ein, legte sich neben mich, nahm mich in den Arm, streichelte mich sanft und sang und flüsterte Geschichten und summte in mein Ohr und gab mir kleine Küsse, bis mich jammernd der Schlaf überkam.

Lehrer Krusemann war der Fachmann. Ich hätte nie gedacht, dass ich ihm einmal so dankbar sein könnte. Er kannte sich aus mit Verletzungen und Wundbehandlung.

„Sein Bein, du weißt", sagte meine Mutter, „damit hat er oft Probleme. Und er war ja im Krieg im Lazarett, da gab es unzählige Verletzte, da musste man sich selbst helfen, da hat er alles gelernt."

Am Montag direkt nach der Schule kam er an mein Krankenlager. Ich zitterte vor Angst. Es war nicht nur wegen der Verletzung, sondern auch wegen Krusemann, der mich behandeln sollte. Ich sah ihn schräg von unten an. Meine Mutter stand in ihrer Küchenschürze hinten im Zimmer an der Tür und rieb sich die Hände. Sie war so weit weg und ließ mich im Stich. Sie würde nicht eingreifen. Ich war ihm ausgeliefert.

„Setz dich mal hier auf den Stuhl und leg den Arm auf den Tisch."

Er nahm meine Hand mit dem blutverkrusteten, dicken Verband sehr vorsichtig und tauchte sie in eine weiße Emailleschüssel mit lauwarmem Wasser. Ich zuckte zusammen.

„Du willst doch ein Mann werden, woll?“, sagte er. „Oder?“

Musste ich jetzt antworten auf diese Frage?

Ich spürte, wie sich der dicke Mullverband und die Wattekugel darunter voll Wasser sog. Das warme Wasser drang langsam bis zu den Fingern vor. Ich war höchst sensibilisiert, aber es war nicht unangenehm.

„Wir haben Zeit“, sagte er. „Ein bisschen musst du auf die Zähne beißen, aber wir kriegen das schon hin. Was meinst du, was wir im Krieg aushalten mussten! Ich könnte dir Sachen erzählen, die willst du noch nicht einmal hören. Und da hatten wir kein warmes Wasser und kein vernünftiges Verbandszeug. Nur Dreck und Scheiße und Blutkrusten. Dagegen ist das hier doch Kinderkram.“

Was erzählte er da? Mich konnte er damit nicht beruhigen.

Meine Mutter brachte dem Lehrer jetzt eine Tasse Kaffee.

Ganz langsam wickelte er die äußersten Schichten des Verbandes ab, schnitt die Stücke mit einer Schere ab und legte die Hand wieder in die Schüssel. Mehr und mehr war der Mull, der sich nun zeigte, mit getrocknetem Blut durchsetzt.

„Pass auf, pass auf!“, stöhnte ich. Ich vergaß fast, wer der Operateur vor meinem Stuhl war.

Langsam drangen wir vor. Er handhabte alles so vorsichtig und gekonnt, dass es mehr die Angst vor einem Schmerz war als der Schmerz selbst, die mich zittern ließ. Aber schließlich konnte ich nicht mehr hinsehen. Was unter den letzten Watteschichten zutage kam, wollte ich nicht mehr sehen. Meine Mutter war jetzt da. Ich legte den Kopf zurück an ihre

Brust und Tränen liefen mir über die Wangen. Es waren sicher Tränen der Erleichterung.

„Alle Finger noch dran", sagte Herr Krusemann, „mal mehr, mal weniger verletzt. Am schlimmsten steht es um den kleinen Finger. Die Sehne. Wenn der mal nicht steif bleibt. Das andere kriegen wir wieder hin."

Tag für Tag hatte ich meine Sitzung mit dem Lehrer. Jedes einzelne Fingerchen nahm er sich gewissenhaft vor, löste Verband und Pflaster, begutachtete den Heilungsprozess, versorgte die Finger neu, umwickelte sie mit Mull und Pflaster, stülpte mir einen Handschuh über und entließ mich. Längst hatte ich Vertrauen zu ihm gefasst.

Aber Ottomar war skeptisch.

„Was hast du mit dem Lehrer zu tun? Warum macht *der* das und nicht der Doktor?"

„Der Doktor hat dazu gar keine Zeit. Und der Lehrer macht das gut."

„Der Lehrer ist hinterhältig. Ich würde ihn nicht an meine Hand lassen. Wenn alles wieder gut ist, haut er dir mit dem Rohrstock einen über deine Pfote, patsch, wie bei Wolf über den Hintern."

„Du bist blöd", sagte ich zu Ottomar.

„Pass bloß auf!", antwortete er und gab mir einen Schubs vor die Brust. „Zu wem hältst du eigentlich?"

„Du bist nur sauer, weil deine Hand ganz ab ist."

Im gleichen Moment wusste ich, dass ich das nicht hätte sagen sollen.

14 DAS DUNKLE ZIMMER

Das Baby von Kösters Annemarie war blutarm, wie man sagte. Was das nun bedeutete, wusste ich nicht. Ich dachte zuerst nur daran, dass es vielleicht kein Pflaster brauche, wenn es sich beim Hinfallen auf dem Weg ein kaputtes Knie holen würde. Doch das wäre ja ein Vorteil gewesen, aber sie sagten es alle eher mit verdrehten Augen und einem mitleidigen Blick gen Himmel, der in der Regel nichts Gutes bedeutete.

Doch das Baby wuchs auf und wurde auf den Namen Maria Angelique getauft, bevor es seine Mutter kurz darauf an Krebs verlor. Pierre war untröstlich, selbst der Rotwein vermochte kaum, ihn zu besänftigen.

Ich wusste mittlerweile schon, dass nicht die Habichte nachts in die Schlafzimmerfenster einfallen. Den Knüppel auf dem Fensterbrett des Schlafzimmers, mit dem ich meine Mutter zu verteidigen gedachte, wenn mein Vater mal in der Stadt weilte, hatte ich längst wieder unten auf den Holzstoß geworfen.

Nicht lange dauerte es, bis für Pierres Hände, die durch die Arbeit auf dem Land kräftig und griffsicher geworden waren, auch Marthas Schenkel keine Probleme mehr bedeuteten. Nach exakter Einhaltung des Trauerjahrs führte er seine frühere Schwägerin zum Traualtar.

Beim Gesangverein *Harmonie und Treue* war Pierre wegen seines hellen bretonischen Baritons ein gern gesehenes Mitglied. Der Dahlhaus-Bauer als Vorsitzender fiel beim Polterabend in der Kösterschen Gaststätte in besonderem Maße durch Fröhlichkeit und Trinklust auf. Als unmittelbarer Nachbar und Freund von Pierre und Martha erhob er wiederholt das Glas und schlug der in den Jahren noch draller gewordenen Martha im Laufe des späteren Abends ein ums andere Mal lachend auf die Oberschenkel.

„Ein hübsches Mädel bist du jedenfalls geblieben", sagte er.

Für mich nahm die Feier keinen ungetrübten Verlauf. Meinem Vorschlag, das Klavier in der Gaststätte neben dem Vereinswimpel von *Harmonie und Treue* mit dem röhrenden Hirschen aus dem Wohnzimmer des Dahlhaus-Bauern zu schmücken, hatte man nicht zugestimmt. Deshalb verweigerte ich beim Ständchen des Schulchors meine Stimme und sie sangen ohne mich:

Alles, was uns lieb ist, lebe!
Und was lebet, sei uns lieb!
Ob das Glück im Wechsel schwebe,
wenn uns nur das Gold der Rebe,
wenn uns nur die Liebe blieb,
die Liebe blieb, die Liebe blieb,
wenn uns nur die Liebe blieb!

Im Frühling dieses Jahres kaufte sich mein Vater ein Motorrad. Es war eine 125er DKW. Meine Mutter konnte es zwar nicht verstehen, weil er doch umsonst mit dem Bus fahren durfte, doch er setzte sich durch und erfüllte sich diesen Traum. Bei trockenem Wetter holte er morgens sein Motorrad aus dem Schuppen und fuhr, ein Liedchen pfeifend oder singend, die 14 Kilometer bis zu seiner Arbeitsstelle in Meinerzhagen.

„Die Maschine verbraucht nicht einmal 2,5 Liter auf 100 Kilometern und kostet nur 24 Mark an Steuern im Jahr. Sie hat 5,7 PS und, denk dir, sie kann bis zu 80 km/h schnell fahren!" Das Letztere mochte meine Mutter schon gar nicht hören.

Seine Söhne bewunderten den Vater und seine Maschine. Er trug beim Fahren eine dunkelgrüne Flieger-Lederkappe und eine winddichte Motorradbrille mit schwarzen Augenkissen aus Leder.

„Das Motorrad hat verchromte Felgen und, sieh mal, auch der Benzintank ist seitlich verchromt!", sagte Kurt begeistert.

Sonntags machten die Eltern bei schönem Wetter ab und an eine kleine Spritztour. Meine Mutter schürzte ihren Rock, nahm mit einem Kopftuch etwas zögerlich auf dem Sozius Platz, und wenn sie losfuhren, hörten wir sie schreien: „Nicht so schnell, nicht so schnell!" Und sie klammerte sich von hinten ganz fest an ihn und dann waren sie unten im Dorf schon um die Kurve verschwunden.

Sie fuhren bis zur Staumauer der Talsperre. Der Fahrtwind strich ihnen frisch durchs Gesicht. Das blaue Wasser der Sperre, Kilometersteine, wilde Wiesenmargeriten am Straßenrand und Birkenstämmchen mit frischem Grün rauschten vorbei. Vom Himmel schien eine wohlmeinende Sonne. Hinter dem Rücken von Vater fühlte sich die Mutter trotz eines ungewissen Kribbelns geborgen und sicher. Sie drückte sich an ihn und umschlang ihn von hinten mit den Armen. Der Mittagsbus kam ihnen entgegen. Mein Vater hupte und winkte vehement mit dem Arm. Welcher Fahrer hatte denn heute Dienst? Sie waren so schnell vorbei, dass er es nicht erkennen konnte. Dann bogen sie ab in Richtung Oberworbscheid.

Schließlich lagen sie um die Mittagszeit am Rand einer Maiwiese. Das blitzende Motorrad stand aufgebockt am Weg. In dem hohen Gras ließen ein paar Mohnblumen als rote Tupfer das Grün der frischen Wiese noch intensiver erscheinen. Ein wolkenloser Himmel wölbte sich so schön über ihnen, dass die Idylle fast ein wenig unwirklich und beängstigend erschien.

„Schon zehn Jahre ist der Krieg vorbei." Vater seufzte.

Er strich seiner geliebten Suse mit dem Finger über die Wange, über das Jochbein und über die Stirn. Das brünette Haar strich er mit der Hand sanft nach hinten. Sie hielt die Augen geschlossen. Was für schöne Wimpern sie hat! So weiche Haut. Der Finger streichelte dann ein wenig den Haarflaum auf der Schläfe und fuhr wieder hinunter und strich sanft über die Lippen.

„Lass uns alles genießen. Lass uns zufrieden sein. Wir wollen dankbar sein."

Er beugte sich über sie und küsste sie zärtlich. Sie spürte seine Lippen, ließ den Kuss geschehen, erwiderte ihn wie in einem Traum und zog ihn dann ganz fest an sich und wollte nicht mehr loslassen.

Im Juni passierte es. Obwohl Vater bei Regenwetter meist den Bus nahm, um zur Arbeit zu fahren, hatte er heute das Motorrad gewählt.

Am frühen Nachmittag saß ich mit den anderen Kindern auf dem Hof und schnitzte an einem Stück Birkenholz herum. Der Hofhund hatte es sich bei uns gemütlich gemacht. Plötzlich bellte er. Ein VW-Käfer kam den Weg zum Haus heraufgefahren. Wir blickten auf. Vorn auf dem Beifahrersitz saß zusammengekauert mein Vater. Er hielt sich mit der linken Hand die Schulter. Er war aschfahl im Gesicht und blickte erbärmlich drein. Er jammerte vor Schmerzen.

Mutter kam aus dem Haus gelaufen. Wir standen da.

„Es war oben in der langen Kurve bei Wilkenberg. Die Straße war nass. Ihm kam ein Holztransporter entgegen. Er kam ins Rutschen. Wir können von Glück sagen, dass er nach rechts in die Böschung gerutscht ist. So war's. Das Motorrad bringen wir morgen."

Sie transportierten Vater nach hinten ins Schlafzimmer. Er wurde ins Bett gelegt. Das Fenster wurde abgedunkelt.

„Klavikulafraktur“, sagte der Doktor, „auf Deutsch heißt das: Schlüsselbeinbruch. Lassen wir ihn erst einmal zur Ruhe kommen. Dann werden wir einen Rucksackverband anlegen müssen.“

Vater stöhnte und schob seine Schulter nach vorne.

Ich bewunderte den Doktor, weil er immer alles sofort wusste und einschätzen konnte, aber ich hatte auch jedes Mal Angst vor seinen Diagnosen. Ich sah doch, welche Schmerzen Vater hatte.

Mehrere Tage lag er nebenan im abgedunkelten Zimmer. Wir sollten in der Wohnung Ruhe halten. Nur die Mutter durfte hinein. Sie schnitt ihm das Brot in kleine Stücke, die sie auf einem Teller brachte, und half ihm in die Schlafanzugjacke. Aber es gab Komplikationen.

Ich lauschte an der Tür, als der Doktor kam.

„Es ist wohl so, dass einzelne Nerven oder Blutgefäße durch den Verband abgedrückt werden. Dadurch wird wahrscheinlich die Taubheit des Arms hervorgerufen. Ich werde den Verband ein wenig lockern, dann ist das Problem sicher bald gelöst.“

Vor dem Schlafraum saß ich im Wohnzimmer und war nicht in der Lage, meine Hausaufgaben zu erledigen. Wie sollte ich mich konzentrieren? Die Zahlen flimmerten vor meinen Augen: Hunderter, Tausender, Zentimeter und Millimeter. Ich konnte kaum noch eine Null von einer Neun unterscheiden. Was hatte das alles für einen Sinn? Nebenan im Zimmer herrschte Dämmerlicht. Da gab es Schmerzen. Der ganze Arm war taub. Nicht nur wie bei Ottomar die Hand. Wenn Vater nicht einmal mehr das Licht ertragen konnte!

Ich hielt es nicht mehr aus. Vorsichtig schlich ich mich trotz Verbots in das Krankenzimmer, ging ganz gebückt. Neben dem Bett kauerte ich mich nieder, nahm seine linke Hand. Das war der gute Arm.

Ich spürte die Wärme in der Hand. Der Vater atmete ruhig. Ich hätte sie wie ein treuer Schoßhund lecken mögen.

„Vater“, sagte ich mit brüchiger Stimme, „ist es bald wieder gut?“

Er atmete kräftig. Ich hatte solche Angst um ihn.

„Ich hab dich lieb, mein Junge. Geh jetzt.“

Bei mir waren es nur ein paar Fingerschnitte. Bei Ottomar immerhin schon eine ganze Hand. Das war schlimm genug. Aber jetzt schien es mir um alles zu gehen. Ohne den Vater hätte doch alles keinen Sinn mehr.

Ich musste mit Ottomar sprechen. Ich rannte hinaus. Er füllte neben der Scheune etwas Wasser in den Napf des Hofhundes. Er sah kaum auf, als ich auf ihn zulief.

Wir sprachen immer noch wenig miteinander, seitdem ich ihn wegen seiner Hand so angegangen hatte.

„Meine Scheißfinger“, sagte ich, „ob der Lehrer das macht oder der Doktor, das ist doch egal. Ich weiß doch, deine Hand, das ist was ganz anderes. Gut, dass sich der Doktor darum kümmert. Bitte, Ottomar.“

Ich sah ihn verzweifelt an.

„Aber jetzt mein Vater … Was soll man tun? Damals bei dir im Krankenhaus …“, sagte ich atemlos.

Er sah den Schreck in meinen Augen.

„Mein Vater, muss er sterben?“

„Vergiss es. Es wird bestimmt wieder gut. So schnell stirbt man nicht. Oma Johnke hat zu mir gesagt: ‚Haste eine Hand oder haste zwei, Hauptsache, du hast ein gutes Herz.' Die weiß, was sie sagt, die ist 85."

Da hatte er sicher recht.

„Und dein Vater, so ein Schlüsselbein wächst doch wieder zusammen. Der Arm ist dran. Das ist nicht so wie bei meiner Hand. Die ist weg für immer."

15 HALBLANG

Sonntagmorgens wurden Haare geschnitten. Wenn es für mich wieder Zeit war, musste ich um zehn Uhr zum Frisör Fingerhut gehen. Er wohnte im Haus gegenüber von Volmerhaus' Gaststube. Sein Salon war in Meinerzhagen, aber sonntags schnitt er im Dorf. Wir saßen in der Küche. Der Küchentisch war beiseitegeschoben, für sechs bis sieben Kunden standen Stühle an den Wänden bereit. Wenn ich früh genug kam, waren nur zwei oder drei vor mir an der Reihe. Aber heute hatte ich getrödelt. Ich war erst die Nummer acht.

Zunächst musste ich stehen. Ich hüpfte von einem Bein auf das andere. Herr Martin vom Kaufmannsladen war dran. Der hatte nicht mehr viele Haare, aber er legte Wert auf einen sauberen Scheitel auf der linken Seite. Er saß unter dem Frisierumhang und blickte starr geradeaus.

„Warum sind die Kartoffeln bei euch in diesem Jahr so teuer?", fragte ihn Onkel Otto, der mir am nächsten saß.

„Da frag doch mal die Bauern, ich kann doch am Preis kaum was machen", antwortete der Kaufmann.

Bauer Toni fühlte sich angesprochen. „Ihr wisst doch alle, wie trocken dieses Jahr war. Es kommen bei dem schönen Wetter vielleicht viele Sommergäste, aber auf dem Feld wächst nichts."

Otto meldete sich wieder zu Wort: „Dabei sind Kartoffeln was Feines. In Finnland bereitet man eine herrliche karelische Pirogge, mit Milchreis und Kartoffelbrei, dazu ein paar Eier und Butter, vielleicht auch Wurst oder Käse."

„Halt dich mal mit deinen Nordlandfreunden zurück, die haben dich doch rausgeschmissen, hast du das vergessen? Vielleicht haben sie euch als Henkersmahlzeit ein paar faule Kartoffeln nachgeschmissen."

„Aber die Ostpreußen aus den Baracken essen auch nichts anderes als Kartoffelsuppe."

„Den Italienern ist der Kartoffelpreis egal, die essen eh nur Nudeln."

Toni sagte: „Wollt ihr jetzt die Kartoffel madig machen? Wenn ihr nur vom Kohl satt werdet, bitte schön!"

Ich konnte das Wort *Kartoffel* nicht mehr hören. Kartoffelpreis. Kartoffelbrei. Kartoffelsuppe.

„Vielleicht wären Nudeln gar nicht so schlecht", schrie ich in die Runde. „Könnt ihr denn die Hand von Ottomar in der Sortiermaschine so schnell vergessen?"

Für einen kurzen Moment war Ruhe in der Küche.

Dann schaltete der Frisör sich wieder ein: „So, der Nächste bitte. Ich glaube, Otto, du bist dran."

„Meine Frau möchte es schön kurz. Hinten kannst du ruhig ein bisschen hochgehen."

Ich konnte mich jetzt setzen. Es kam keiner mehr. Die 50 Pfennig für den Haarschnitt rieb ich in meinen Händen hin und her.

Der Kaufmann hatte sich noch einmal hingesetzt. Er sagte: „In Meinerzhagen wurden Leute mit großen Wohnungen von Amts wegen gezwungen, Zimmer für Flüchtlinge bereitzustellen. Mein Schwager muss in seinem Haus im Dachgeschoss eine Toilette und ein Waschbecken einbauen und eine Familie mit drei Kindern aufnehmen. So weit ist es schon gekommen."

„Ja, da wunderst du dich?", fragte Otto. „In Nordrhein-Westfalen sind immer noch über 80 000 Vertriebene in Notunterkünften, in Turnhallen oder Fabrikräumen untergebracht. Wir kommen mit unseren drei Baracken noch ganz glimpflich davon."

„Aber die aus den Baracken nehmen uns auch bald die Arbeitsplätze weg", meinte der Schreiner, der ganz rechts an der Tür saß.

„Nun mal ruhig, Leute", sagte der Frisör. „Vielleicht muss sich der eine oder der andere auch mal bei mir die Haare schneiden lassen. Dann hab ich auch was davon. Und du, Toni, suchst doch schon seit langem einen Knecht. Nimm doch einen, die haben auch Ahnung von Landwirtschaft."

„Ne, lass mal. Wenn du die reden hörst, die hatten alle im Osten einen großen Gutshof. Das waren alles Gutsherren mit Herrenhaus und Vierspänner-Kutsche, aber selbst anpacken, ne, das liegt denen nicht. Hier bei uns schmarotzen, das können se."

Jetzt war ich dran. Ich gab aus meiner schweißigen Hand das 50-Pfennig-Stück ab.

„Wie soll's sein, der Herr?", fragte Frisör Fingerhut. „Fassonschnitt wie immer?"

Ich hätte die Haare gern etwas länger getragen. Wolf hatte ziemlich langes Haar. Wohl nur deshalb, weil er die 50 Pfennig fürs Schneiden nicht hatte. Aber mir gefiel das. Es sah ein bisschen verwegener aus. Irgendwo hatte ich aufgeschnappt, dass es als Frisur auch *Halblang* gab, und ich dachte, besser als Fassonschnitt muss es jedenfalls sein. Forsch brachte ich meinen Wunsch vor.

„Na, wie der Herr es wünscht", sagte Fingerhut. „Die Mädels werden dich bewundern. Ich mach dir einen sauberen Schnitt."

Er legte mir den schmuddeligen Umhang an und nahm seine Handschneidemaschine. Er setzte unten am Nacken an und führte sie mit schnellen Handbewegungen den gesamten Hinterkopf hoch. Zackig, zackig, die Haare stäubten weg.

„In den Baracken schneiden sie sich selbst die Haare, die haben einen eigenen Frisör, da mach dir mal nichts vor", sagte der Schreiner jetzt, „da wirst du nichts verdienen, Fingerhut."

„Die haben doch auch nichts", sagte Otto. Er saß zwar schon mit seinem perfekten Haarschnitt in der Küche, wollte aber noch nicht nach Hause gehen. „Die hat man doch vertrieben, denen hat man doch alles weggenommen. Mit einem Koffer kamen die hier an, sonst nichts."

Ich hatte ein ungutes Gefühl. Immer mehr Haar fiel von meinem Kopf nach vorn und zu den Seiten auf den Umhang. Was machte der Fingerhut da mit mir? Die Maschine führte er mit schneller Handbewegung an meinem Kopf auf und ab.

Er schaltete sich wieder in die Unterhaltung ein. Besser hätte er sich auf meinen Haarschnitt konzentrieren sollen.

„Stell dir vor, du hättest alles verloren. Du müsstest in so einer Holzbaracke wohnen. Sieh mal ein, wir haben doch *alle* den Krieg verloren."

Der Schreiner wurde jetzt böse. „Willst du den Bolschewisten das Wort reden? Sie bedrohen uns noch heute. Sie haben uns doch diese Schmarotzer hierhergeschickt. Die Polen haben sie im Osten vertrieben und denen dann die Häuser der Ostpreußen und der Schlesier gegeben. Und die kommen dann zu uns. Mehr als achtzig von denen sind hier im Dorf."

„Aber das sind doch unsere Landsleute!"

„So eine Überfremdung kann kein Dorf verkraften."

Frisör Fingerhut war fertig mit mir. Er hielt den Spiegel hinter meinen Kopf. Ich war entsetzt. Bis oben hin war alles abrasiert. Nur ein Haarkranz war auf dem Kopf zu sehen. *Halblang* war die Katastrophe. Ich sagte nichts. Was würde Karoline über meinen Haarschnitt denken?

„Sauber siehst du aus, Junge", sagte der Schreiner, „ein guter deutscher Junge."

„Wo willst du die Vertriebenen denn hinschicken, wenn du sie hier nicht dulden willst?", fragte Otto.

„Dahin, wo der Pfeffer wächst. Nur bei uns haben die nichts zu suchen!"

16 INDIANER

Sobald der Frühling ins Land zog, trieb es uns wieder zum Bach. Unterhalb der kleinen Brücke machte er eine kleine Biegung. Er prallte an die Böschung der Wiese, hatte mit den Jahren die braune Erde weggespült und das Ufer unterhöhlt.

Da machte es Spaß, dem natürlichen Erosionsprozess ein wenig nachzuhelfen, die Sandalen und die Söckchen auszuziehen, mit den dünnen Beinen durch das Wasser zu staken und mit den Händen die schlammige Erde wegzugraben. Das klare Wasser färbte sich unterhalb des Tatortes dunkel, wirbelte das losgeschabte Erdreich weiter talwärts und leckte fortan an den neuen Rundungen, die wir Kinder wie frische Wunden ins Ufer gebrochen hatten.

Auf der Wiese stand ein kleiner, nach vorn hin offener Schuppen aus mittlerweile schon morschen Brettern. Darin lagen eine verrostete Egge, eine emaillierte Wanne, die den Kühen mal als Tränke gedient hatte, ein paar Lederriemen, ein paar Ballen Stroh. All diese Dinge sahen mich später vorwurfsvoll an. Der Rost auf der Egge trieb mir die Schamesröte ins Gesicht. Die dunklen Flecken der Wanne, da wo die Emaille aufgrund eines Schlages oder eines Steinwurfs abgesplittert war, wirkten wie teuflische Male. Bizarr und ungelenk ausufernd in die glatte, weiße Fläche.

Es war eine Maiwiese. Das Wiesenschaumkraut blühte und die Sumpfdotterblumen. Das Gras stand schon hoch. Wir gingen direkt am Ufer entlang. In meinem Herzen brannte eine Frühlingssehnsucht.

Ottomar riss kleine, gelbe Blüten ab und warf sie in das Wasser des Baches. Sie schwammen tänzelnd davon.

„Reiß keine Blüten ab!“, sagte ich.

„Sonst fressen sie die Kühe“, antwortete Ottomar.

Wir wateten mit nackten Füßen in dem Bach. Man musste vorsichtig auftreten, weil es viele Steine gab, die kippelten oder scharfe Kanten hatten. Karoline durfte nicht ins Wasser. Sie setzte sich ans Ufer, ließ die Beine baumeln. Wir bespritzten sie.

„Ihr seid böse“, rief sie. „Hu, ist das kalt.“

Wir drei waren allein. Ottomar und ich gruben in der Uferböschung. Dann bauten wir einen Ring von Steinen seitlich vom Ufer weg und stauten das Wasser.

„Komm rein, Karoline“, rief Ottomar.

„Ich darf nicht.“

„Sei nicht blöd.“

„Meine Mutter hat es verboten.“

Ottomar wuchtete einen dicken Stein hoch, ließ ihn neben unserem Wall fallen, so dass das Wasser heftig aufspritzte.

„Du hast meinen Rock nassgemacht“, schimpfte Karoline. „Ich darf nicht ans Wasser. Richtig doof find ich dich.“

Ich stand in der Mitte des Baches und ließ meine Arme nach unten baumeln.

Dann wurde Ottomar gemein. Er sah zu Karoline hinüber und sagte: „Der Bäcker schenkt deiner Mutter Kuchen.“

Das fand ich wirklich hundsgemein. Karoline verstand nicht, wovon er redete. Aber ich hatte es auch gehört, wie sich meine Eltern darüber unterhielten. Schließlich war der Bäcker ja verheiratet und schon weit über vierzig.

„Lass sie zufrieden“, sagte ich.

Wir rissen jetzt von oben Grasfrasen ab und legten die dicken Polster mit der Erde auf die Steine im Wasser. Der Staueffekt war enorm.

Dann fing Ottomar wieder an: „Kriegst du denn auch Kuchen ab? Mein Vater sagt, der Bäcker schmiert deiner Mutter bald Marzipan ums Maul.“

„Lass sie endlich zufrieden“, sagte ich.

Jetzt blickte Ottomar mich herausfordernd an. Dann drehte er sich um und schaufelte mit seiner rechten Hand spritzend Wasser hinauf zu Karoline.

„Marzipan, Marzipan“, schrie er. Und sie schrie auch und sprang auf. Ich stürzte mich von hinten auf Ottomar und fasste ihn mit den Händen um den Hals und riss ihn um. Ich hatte Glück, dass ich ihn so überraschen konnte. Ich packte ihn und drückte seinen Kopf unter Wasser. Er kam prustend und schnaubend hoch, hatte eine blutende Schramme an der linken Schläfe und sagte nur noch: „Na, warte!“ Er hustete noch mal und ging ans andere Ufer und davon.

Ich war pitschnass. Karoline weinte: „Ich kann so nicht nach Hause.“

Wir verkrochen uns im Schuppen, saßen auf einem Strohballen nebeneinander. Ich legte einen Arm um ihre Schulter.

Karoline weinte.

Ich stand auf, ging zu der Egge, strich mit meinem nassen Finger etwas blätternden Rost ab und malte ihn Karoline auf die Wangen.

„Du bist jetzt ein Indianer“, sagte ich, „da darfst du nicht mehr weinen. Indianer weinen nicht.“

Ich nahm sie wieder in den Arm. Sie hörte auf zu weinen.

„Man hat den Indianern die Büffel totgeschossen und man hat sie aus ihrer Prärie vertrieben. Ihr großer Häuptling hieß Winnetou. Um den Hals trug er eine Kette von Krallen der Grizzlybären und seine Schuhe waren mit Stachelschweinborsten geschmückt.“

„Woher weißt du das?“

„Onkel Arnold hat uns einen Roman mitgebracht, da steht alles drin. Sein Gewehr war die berühmte Silberbüchse, deren Kugel niemals sein Ziel verfehlte."

„Und warum bekommt meine Mutter Marzipan?"

„Das ist eine bekloppte Lüge!"

Sie zog ihren Rock aus und legte ihn in die Sonne.

„Wenn das meine Mutter merkt."

Ich suchte Lederriemen zusammen.

„Daraus machen sich die Indianerfrauen ihre Röcke."

Aber die Riemen waren spröde und schmutzig. Karoline bekam braune Streifen auf der feuchten Haut. Ich wollte sie mit meinen Händen sauber wischen, und dann weinte sie noch mehr.

Ich umschloss sie mit meinem Arm und legte eine Hand auf ihren kleinen Oberschenkel. Der war glatt und warm. So blieben wir sitzen, und ich hatte sie richtig gern.

Dann fiel mir ein, dass sie ein Mädchen war. Na, klar wusste ich alles, aber neugierig war ich doch. Ich strich zunächst mit meiner Hand auf ihrem Oberschenkel hin und her. Dann tastete sich meine Hand höher und ich spürte die Baumwolle der feuchten Unterhose. Durch den Stoff fühlte ich nichts, nur Weiches. Karoline hielt ganz still und weinte nicht mehr.

Die Emaillewanne lag auf der Seite an der rechten Wand der Scheune. An einigen Stellen war der Belag abgeplatzt. Wir wurden zu Hause in einer Zinkwanne gebadet, aber ich kannte eine solche richtige Badewanne aus der Wohnung meiner Tante. Doch da gab es am Boden, wo der Tropfen des Wasserhahns immer auftraf, eine braune, abgenutzte Stelle, die die Wanne ekelig machte.

„Streichel mich weiter“, sagte Karoline.

Ich streichelte ihren Bauch und ihren Bauchnabel, der kurz über dem Gummi der Unterhose war. Dann wagte ich es: Das Bäuchlein war rund, und dann fühlte ich unter der Hose rechts und links von meiner Hand die Schenkel. Alles war weich und sonst nichts da, einfach nichts. Es war fleischig und ein bisschen nass noch vom Wasser des Baches. Und ich hielt sie lange so im Arm wie ein Indianer seine Squaw.

„Ich mach für dich einen Kranz“, sagte sie dann und stand auf.

Da tauchte Ottomar vor dem Schuppen auf und warf mit schlammigen Grasfrasen und schrie: „Ihr Schweine, ihr Schweine! Alles hab ich gesehn, alles, alles!“

Diemal war ich ihm unterlegen. Er schlug mir mit der Hand ins Gesicht. Ich war überrascht und wusste mich nicht zu wehren. Ich sah Sterne und fiel mit dem Gesicht ins Gras. Es tat so weh. Er drückte meinen Kopf nach unten und es war alles schwarz. Aber ich schrie nicht.

Im ganzen Dorf hat er es rumerzählt. Der Lehrer hat gesagt, ich solle mich schämen. Am Sonntag, als alle zum Bootsfest gingen, musste ich im Zimmer sitzen und Rechenaufgaben lösen.

Karolines Mutter hatte ich erst ein- oder zweimal gesehen. Sie hatte dunkles, seidiges Haar. Sie war sehr schön, ging immer sehr aufrecht und langsam. Ein paar Tage darauf, als ich beobachtete, wie sie in den Bäckerladen ging, sah sie mich lange an und sagte dann zu mir: „Ist schon gut, Jungchen.“

Kurz darauf kam sie mit einem in Papier gewickelten Mühlenbrot wieder heraus.

17 DIE KALTE HAND

Was konnte es Schöneres geben als den Sommer am Stausee! Die Luft war warm. Es war Ferienzeit. Wir hatten am schmalen Wiesenstreifen Handtücher ausgelegt und lagen in unserer Badekleidung in der Sonne am Wasser. Man musste nur kurz die Uferböschung hinauf und über die Straße gehen und konnte sich im Café Spratte für zehn Pfennig ein Vanilleeis kaufen. Meine Mutter hatte mir zwanzig Pfennig für eine Doppelkugel zugesteckt. So konnte ich sogar Karoline ein Eis ausgeben.

Den Wasserrand säumte ein Streifen mit größeren und kleineren Steinen. Wir suchten die flachen und flitschten sie über die Wasseroberfläche. Sie titschten auf, zweimal, dreimal, manchmal sogar noch öfter.

„Wie tief ist das Wasser hier wohl?“, fragte Inge.

„Nicht so tief, hier ist die Sperre ja fast zu Ende“, sagte Ottomar, „hier kannst du ja fast überall stehen. Aber weiter unten, hinter Windebruch, da ist es schon sehr tief. Da gab es früher mal ein Dorf, das ist komplett in der Sperre ertrunken.“

Das wollte Wolf nicht glauben.

„Doch“, sagte Ottomar, „die mussten alle ausziehen und haben die Häuser und alles stehen lassen. Oben auf dem Berg mussten die sich neue bauen. Die Tiere und die Möbel haben sie natürlich mitgenommen. Das alte Dorf wurde dann vom Wasser überflutet. Da steht noch eine Kirche, die hat einen Turm, der ist fünfzig Meter hoch. Und die ist völlig versunken. Nur manchmal, wenn niedriges Wasser ist, ragt oben das goldene Kreuz noch heraus.“

Jetzt guckten wir alle ungläubig.

„Wenn ihr das nicht glaubt, können wir ja demnächst den Lehrer fragen."

Na, so wichtig war uns die Angelegenheit auch nicht. Ich wunderte mich nur, dass Ottomar den Lehrer als seinen Anwalt hinzuzog. Wahrscheinlich stimmte es mit seiner Schilderung doch nicht so recht.

Inge hatte in einer Tüte rote Johannisbeeren aus ihrem Garten mitgebracht. Einige waren wohl schon ein bisschen zerdrückt, denn die Tüte war an mehreren Stellen rot und etwas aufgeweicht vom Beerensaft. Sie spendierte die Johannisbeeren allen. Wir griffen gerne zu.

Dann ins Wasser. Karoline blieb ganz am Rand, kaum dass ihre Knie mal unter Wasser waren.

„Ich kann nicht schwimmen, ich darf nicht weiter rein."

So richtig schwimmen konnten wir anderen eigentlich auch nicht. Aber vor allem Ottomar und Wolf waren sehr mutig, oder vielmehr sehr unbekümmert.

Wir plantschten und spritzten. Wolf nahm Wasser in den Mund und spuckte es in einer hohen Fontäne wieder aus. Gejohle und Geschrei. Ich schaufelte mit den Händen das Nass den anderen ins Gesicht. Ottomar schwamm heran und riss Wolf unter Wasser die Beine weg.

Doch plötzlich tauchte Wolf nicht mehr auf. Dann kam sein Kopf noch einmal nach oben und ein Arm. Er prustete und spuckte und stieß Schreie aus. Dann versank er wieder. Das Spiel war abrupt vorbei. Ottomar und ich wateten noch ein bisschen nach vorn. Entsetzen war in unseren Gesichtern. Uns reichte das Wasser auch schon bis über die Schultern. Dann kam Wolf wieder aus dem Wasser hoch, schnappte nach Luft. Ich konnte seinen Arm erwischen und ihn ein wenig zu mir herziehen. Er zappelte fürchterlich und wollte sich an mich klammern. Ich hatte selbst Mühe, meinen Kopf über Wasser zu halten. Wir erreichten mühsam wieder einen etwas höheren Stand. Wolf atmete noch stoßartig und war aschfahl im Gesicht.

Die beiden Mädchen standen entsetzt am Ufer. Wir alle spürten, dass für einen langen Moment aller Spaß vorbei war. Keiner sprach ein Wort. Wolf setzte sich hin, ließ die Arme und den Kopf sinken. Oben an der Straße fuhr ein Auto vorbei, aber das interessierte uns diesmal nicht. Wir sahen nicht einmal hin.

„Ich habe Wasser geschluckt", schimpfte Wolf, „verdammtes dreckiges Wasser, und nicht zu kanpp. Plötzlich war da eine Senke im Boden. Ich konnte nicht mehr stehen. Ein Glück, ihr habt mich gerettet."

Er spuckte noch einmal. Dann sprang er auf, ging zwei Schritte und schmiss sich ins Gras. Er verbarg den Kopf zwischen seinen Armen und heulte.

Wir standen hilflos da.

Karoline ging schließlich zu ihm und streichelte mit ihrer Hand über seinen Rücken, bis er wieder ruhig war.

„Danke, ist gut", sagte Wolf. „Kümmert euch nicht drum."

Wir saßen am Ufer, jeder hatte die Knie angezogen, die Arme darum gelegt und blickte starr über die trügerische Wasseroberfläche auf das gegenüberliegende Ufer. Wir saßen nebeneinander, alle fünf, aufgereiht wie in einer künstlichen Formation. Dachte jeder etwas anderes oder dachte jeder von uns dasselbe? Hätte es sein können, dass einer von uns jetzt nicht mehr in unserer starren, geschlossenen Reihe saß?

Doch mit unserer kindlichen Natur hatten wir schnell wieder verdrängt, dass eine kalte Hand nach einem von uns gegriffen hatte, dass sie versucht hatte, uns Wolf zu entreißen, und wir nur mit Glück davongekommen waren.

„Davon erzählen wir nichts“, sagte Inge, „sonst dürfen wir nie mehr allein zum Baden gehen.“

Wir anderen nickten.

„Wenn ich ertrunken wäre, wäre es ja nicht so schlimm gewesen wie bei einem von euch.“ Wolf hatte seine alte Überlegenheit wiedergefunden.

„Das sagst du nicht noch mal“, entgegnete Inge, „sonst setzt es was.“

„Na, was denn, was willst du mir denn tun?“

Schon entwickelte sich eine kleine Rangelei und die Todesangst war endgültig vergessen.

Ein kühler Wind kam auf und Wolf sagte: „Für mich ist die Badesaison heute vorbei. Ich geh da jedenfalls nicht mehr rein.“ Er zog seine Badehose aus, aber bevor er in seine Unterhose steigen konnte, hatte Ottomar die gepackt, lief zehn Schritte weiter und wedelte mit seiner Trophäe durch die Luft.

„Komm, hol sie doch, nun komm.“

Wolf stand da, völlig nackt.

„Du Schweinehund“, rief er und versuchte, Ottomar zu fangen, aber der war schneller. Zudem musste Wolf beim Laufen seine Blöße mit den Händen bedecken.

Dann erwischte er Ottomar doch. Der gab die Hose freiwillig wieder heraus und Wolf zog sie in Windeseile an.

Alle lachten.

„Ihr habt alles von mir gesehen. Ihr müsst jetzt auch die Hosen ausziehen und etwas zeigen. Sonst seid ihr gemein."

Ottomar zog sofort seine Badehose aus, ließ sie am langen Arm über dem Kopf kreisen und drehte zwei schnelle Runden um uns herum. Wir klatschten Beifall.

Ich war froh, dass das Interesse jetzt in eine andere Richtung ging.

„Die Mädchen sind dran!"

Karoline schüttelte sofort energisch den Kopf.

„Bitte", sagte Ottomar, „wir werden nichts erzählen." Er blickte auf Inge. „Wir wollen nur gucken."

Sie zögerte. „Aber nur, wenn ihr euch umdreht", sagte sie.

„Was soll das denn?", wollte Wolf wissen.

„Ja, dann zeig ich mich aber nur von hinten."

„Vorne hast du ja eh nichts", lachte Wolf.

Inge drehte sich um, zog ihren Badeanzug aus und zeigte uns ihren kleinen Po. Dann schlüpfte sie schnell in die Kleider.

Ich fand sie sehr mutig.

„Inge, du hast ein Eis verdient", sagte auch Ottomar anerkennend.

Wir packten unsere Sachen und stiegen die Uferböschung hinauf zum Eiscafé. Ottomar hatte tatsächlich so viel Geld, dass alle noch ein Eis bekamen. Karoline und er wählten Schokolade, wir anderen drei mochten lieber Vanille. Mit unseren Eishörnchen in der Hand gingen wir in Richtung Dorf.

18 DAS KETTENKARUSSELL

Dieser Herbst war wirklich nicht sehr einfach. Dem Bauern Toni war eine Kuh beim Kalben gestorben. Davon sprach das ganze Dorf. Die Frau vom Kaufmann Martin hatte Anfälle von Angina pectoris, einer Herzkrankheit. Auch das war Gesprächsstoff unter den Leuten. Aber man wollte sich die Laune nicht verderben lassen. Das Schützenfest stand an.

Hinter nur halbwegs vorgehaltener Hand wurde an der Theke bei Volmerhaus und in Kösters Gaststube darüber diskutiert, wer denn in diesem Jahr der Schützenkönig werden sollte.

Ein Kandidat war der junge Albert Kück, der sich vor allem bei seinem Einsatz für die Jungschützen besondere Verdienste erworben hatte. Auch sein Vater, Albert Kück senior, hatte schon seit Jahrzehnten ehrenvolle Ämter im Schützenverein bekleidet und war jetzt der von allen anerkannte Oberst.

Allerdings hatte der Dahlhaus-Bauer die richtige Religion und war im Gegensatz zum katholischen Albert evangelischen Glaubens. Daneben schien sein pekuniäres Vermögen doch um einiges reichhaltiger zu sein, was eine spendable Versorgung der Schützen gewährleisten konnte. Dass es Probleme in seiner Ehe gab und es nicht sicher war, ob seine Frau die Rolle der strahlenden Königin an seiner Seite spielen würde, wollte man nicht gelten lassen. Wenn se muss, dann musse!

Der Dahlhaus-Bauer gab schon im Vorfeld in der Gaststätte jede Menge von frisch gezapften Halbliterkrügen an seine Unterstützer aus, aber es waren doch eher die altdumpfen und konservativen Landwirte.

„Mit all dem neumodischen Kram haben wir nichts am Hut. Unser Dorf soll die Heimat für uns Alteingesessene bleiben.

Oder soll man den Flüchtlingen etwa gestatten, in den Schützenverein einzutreten?"

Mein Vater gehörte zu den Freunden von Albert Kück. Auch sie fanden vehemente Argumente für den König ihrer Wahl.

„Wir brauchen einen jungen, frischen König, der mit der Zeit geht. Wir müssen auch an den Fremdenverkehr denken. Vielleicht können wir mehr Gäste zur Sommerfrische in unser Dorf locken", gab man zu bedenken.

„Es gibt doch schon mehrere Vermieter von Fremdenzimmern und auch im Eiscafé von Spratte würde man sich über Kundschaft freuen."

Beim Ausflug des VW-Clubs Lüdenscheid am Ostersonntag waren über dreißig Autos auf der Straße an der Talsperre vorbeigefahren. Wir hatten staunend am Straßenrand gestanden und diese endlose Reihe von Automobilen bewundert. Aber sie waren nur hupend und winkend durch unser Dorf gefahren.

„Wenn die hier anhalten und bei einer Pause vielleicht eine Erfrischung zu sich nehmen, das wäre doch etwas Besonderes für unser Dorf. Wer weiß, ob die dann nicht noch mal wieder zu einem Besuch nach hier zurückkommen."

Beim Schmücken des Dorfes vor den großen Festtagen waren auch die Kinder beteiligt. Fahnen und Wimpel wurden aufgehängt und die Telegrafenmasten entlang der Straßen mit Birkenästen versehen. Lehrer Krusemann leitete die Aktion.

Ottomar musste mit den Kindern der ersten Klasse in der Schule bleiben. „Dich können wir eh nicht bei der Arbeit gebrauchen; da kannst du auch gleich da bleiben und auf die Kleinsten aufpassen. Das wirst du ja wohl noch schaffen."

Ottomar biss die Zähne zusammen, aber er wusste, es half nichts, etwas zu sagen.

Am ersten Festtag wurde dann schon am Vormittag die Fahne bei der Kompanie des letzten Königs abgeholt. Dann machte sich gegen Mittag der Festzug auf zum Marsch zur Schießwiese.

Wir Kinder standen alle kurz hinter dem Gasthaus, Inge und Ottomar, Wolf, Karoline und ich. Da kamen sie anmarschiert. Vorne die wichtigsten Leute, hoch zu Pferde, mit Orden, Ketten und Schärpe. Der Oberst winkte uns sogar zu. Dann die Fahnen und die Kapelle, mit Schellenklang und Trommeln und Trompeten. Was für eine Pracht! Schließlich die Schützen, ein langer Zug in Reih und Glied. Sie trugen schmucke Uniformjacken und Schirmmützen und die Gewehre geschultert.

Mein Vater ging in der hintersten Abteilung mit seinem Freund Arnold aus der Stadt. Sie hatten keine Uniformjacken, aber immerhin eine Schirmmütze. Sie hatten kein Gewehr, sondern trugen einen Spazierstock über der Schulter, an den oben ein kleines Blumensträußchen gebunden war. Aber sie zeigten ein ebenso fröhliches und selbstbewusstes Gesicht wie die richtigen Schützen vor ihnen. Sie lachten sich an und stießen sich gegenseitig in die Seite. Ich war so stolz auf meinen Vater und liebte ihn. Als ich ihm zuwinkte, sah er mich nicht. Vielleicht war es besser so, denn er war ja in dem Zug so wichtig, dass er nicht auf irgendwelche Kinder achten sollte.

Am Ehrenmal für die Kriegsgefallenen machten sie halt. Es wurde ein Kranz abgelegt und salutiert.

Kaum war der Zug der Schützen dann vorbei, strömte alles Volk hinterdrein. Frauen mit Kinderwagen, ein paar

Feriengäste, Besucher aus den Nachbarorten, wir Kinder, alte Leute und Jugendliche sowie ein paar Neugierige aus den Baracken. An der Vogelwiese angekommen, stiegen wir die Wiese am gegenüberliegenden Hang ein Stück hinauf und hatten von dort einen herrlichen Überblick.

Der hölzerne Vogel thronte auf einer hohen Stange. Auch von hier aus konnte man noch sehen, dass er neben seinen breiten Flügeln eine goldene Krone trug, ihm auf der einen Seite ein Zepter und auf der anderen ein Apfel zugegeben war.

Den ersten Schuss musste der Hauptmann abgeben. Er ging gemessenen Schrittes zum Anschlag. Mucksmäuschenstill wurde es im weiten Rund. Er verneigte sich kurz in Richtung des Oberst. Der gab mit der erhobenen rechten Hand das Zeichen. Der Hauptmann legte an und dann krachte es laut über der Festwiese bis in den Wald. Dort hinter der Vogelstange stiegen erschrocken zwei Habichte auf und erhoben sich in die Luft. Das Vogelschießen hatte begonnen. Es folgten der Adjutant und der Fähnrich.

Das war alles noch sehr spannend und jeder Schuss wurde mit einem lauten Hurra begleitet. Aber dann wurde das Geballere doch eher langweilig. Wir machten ein paar Purzelbäume die Wiese hinunter, bewarfen uns mit Gras. Wir waren angesteckt von der fröhlichen und ausgelassenen Stimmung. Nur Karoline hielt sich zurück. Sie durfte sich nicht schmutzig machen. Wir natürlich auch nicht, aber es war uns egal.

Onkel Arnold kam die Wiese heraufgestapft und brachte uns drei Flaschen Sinalco. Wir waren begeistert.

Unten in der Menge gab es immer wieder mal großen Applaus. Ein Schütze hatte das Zepter abgeschossen. Ein Orden wurde vergeben.

Dann spielte noch einmal die Blaskapelle. Alle Insignien des Adlers waren jetzt gefallen und das Königsschießen begann. Es wurde still im weiten Rund. Ob Onkel Arnold noch einmal ein Getränk spendierte?

Die Menschenmenge schien ergriffen von dem Geschehen. Man zeigte mit den Armen, redete und gestikulierte. Am Bierstand gab es großes Gedränge, aber die Augen waren immer zur Vogelstange gerichtet. Auch wir Kinder verfolgten wieder die Vorgänge unten am Schießstand. Die schon tiefer stehende Sonne schien warm und rot und beleuchtete den Restkörper des hölzernen Vogels. Er sah schon ordentlich zerzaust aus, ohne Flügel, der Kopf halb weggefetzt. Lange konnte es nicht mehr dauern, bis er endgültig zerstückelt war und das letzte Relikt gnadenlos von seiner Stange fallen würde.

Aber mehr und mehr gab es jetzt Fehlschüsse. Die Kugeln pfiffen vorbei, sausten nur durch die blaue Luft und landeten irgendwo im Wald oder in den Büschen. Wieso trafen die nicht mehr?

Die Schar der anstehenden Schützen wurde auch immer kleiner, bis schließlich nur noch Albert Kück und der Dahlhaus-Bauer vor dem Anschlag anstanden.

Die Königsproklamation fand im Festzelt auf der Wiese hinter der Schule statt. Um Eintritt zu erlangen, musste man eine kleine, grünweiße Schleife erwerben, die man an dem Revers des Jacketts oder oben an der Bluse befestigte. Wir Kinder hatten dagegen freien Eintritt.

Aber wir wollten so schnell gar nicht hinein. Auf dem Vorplatz gab es herrliche Attraktionen, die uns gefangen hielten. Da war vor allem das Kettenkarussell. Über drei Stufen hinauf gelangte man auf eine Plattform, in deren Mitte sich eine nach oben ausstrebende, fantastisch bemalte Säule erhob. Es gab Bilder vom blauen Meer in Capri, von Rock'n'Roll-Sängern oder von schönen Damen in Badebekleidung. An dem ebenfalls bunten Dach hingen dann an Ketten die luftigen und schaukelnden Sitze. Aus großen Lautsprechern tönte moderne Schlagermusik.

Ein jeder von uns hatte von den Eltern ein paar Papiermarken zugesteckt bekommen, die dann berechtigten, Platz zu nehmen und die atemberaubende Fahrt zu beginnen. Zunächst konnte man in den Sitzen hin- und herschaukeln, sich den anderen nähern und sich abstoßen, drehen und schwingen. Dann setzte sich das Monstrum langsam in Bewegung. Immer stärker drückte die Fliehkraft nach außen, bis man in einer rasanten Fahrt durch die Luft schwebte, hoch über der Wiese, über alle Köpfe hinweg, den Festplatz überblickte, johlend und auch ein bisschen mit Beklemmung, die Beine ausstreckend und, wenn man es wagte, auch die Arme in die Luft hebend.

Alle waren dabei. Ottomar schwebte mit Inge davon. Sogar Wolf saß in einer der luftigen Schaukeln. Jörg Martin hatte dessen Schwester Irma zu einer Fahrt eingeladen und Wolf profitierte davon. Als Kavalier lud er auch den Bruder ein.

Als ich nach der zweiten Fahrt wieder den Boden unter den Füßen spürte und wir uns noch atemlos zuwinkten, bemerkte ich, dass Karoline gar nicht an der Fahrt teilgenommen hatte. Ich stieg aus meinem Sitz und ging zu ihr.

„Du hast doch nicht etwa Angst?", fragte ich mit noch rotem Kopf. „Es ist nicht gefährlich. Und schmutzig macht man sich auch nicht. Versuch es einfach."

Das Karussell war schon wieder gestartet. Ich hatte zu lange gezögert. Die anderen waren schon auf ihrer dritten Fahrt.

„Ich habe keine Angst“, sagte Karoline.

Ich winkte Ottomar zu. Er versuchte, sich in der Höhe ein wenig schaukelnd zu drehen. Inge schwebte an seiner Seite. Irgendetwas rief er mir zu. Sie sausten vorbei. Jörg und Irma hielten sich an den Händen. Karoline nahm kaum teil an unserer Begeisterung.

Dann wurde mir in meinem Übermut plötzlich klar, warum das Mädchen nicht mit eingestiegen war.

„Hast du etwa keine Marke?“, fragte ich.

Karoline sah mich kurz an, dann rannte sie los.

„Du dumme Gans“, rief ich ihr hinterher. „Komm, ich geb dir eine.“ Aber sie war schon weg.

Die anderen stiegen aus ihren Kettensitzen.

„Das war überirdisch, das war klasse!“

„Kommt, wir gehen zur Wurfbude“, sagte Inge, „da kann man etwas gewinnen.“ Schon ging sie quer über den Platz.

Mir war der Spaß vergangen. Ich blieb stehen. Wo war bloß Karoline hin? Warum hatte ich nur *dumme Gans* zu ihr gesagt? Ich suchte mit den Augen den ganzen Vorplatz ab, auch den Weg in Richtung Schule. Sie war nicht zu sehen.

Drinnen im Zelt spielte die Kapelle jetzt einen Tusch. Über den Lautsprecher war die Stimme bis hinaus auf den Vorplatz deutlich zu hören.

„Wir sind stolz und geehrt, dass wir jetzt einen neuen König haben. Und an seiner Seite begrüßen wir Magdalena I. als junge, schöne Königin. Möge dieses Paar ein Jahr lang unserem Dorf und unserer Schützenbruderschaft zu Ruhm und Ehre gereichen.“ Es gab lauten Applaus und etliche Hoch-Rufe.

Die Kinder standen schon vor der Wurfbude. Hier gab es jetzt kein Gedränge, aber ich hatte keine Lust mehr, mein Glück zu versuchen. Wolf war sehr geschickt im Werfen und er warf die Stoffballen so fest, dass die Dosen nur so purzelten. Ottomar bekam für seinen erfolgreichen Versuch einen silbernen Schlüsselanhänger, den er natürlich Inge schenkte. Ich dachte an Karoline.

Dann gingen wir ins Zelt. Oje, da war schon einiges los. Vater und Arnold waren hinter ihrem Tisch aufgestanden und sangen lauthals das Lied der Kapelle mit: *Auf Cuba sind die Mädchen braun.* Meine Mutter und Ilse Spratte vom Café hatten sich umarmt und schunkelten im Takt der Musik. Sie tranken irgendeinen roten Likör.

Albert Kück, der neue König, saß vorne in der ersten Reihe, mit all seinen Orden und Ketten. Er hielt die Hand von Magdalena und schien noch gar nicht so recht verstanden zu haben, was sich hier eigentlich abspielte.

Der Dahlhaus-Bauer sprang jetzt auf, stellte sich vor die Kapelle und hob die Arme hoch. Er dirigierte den nächsten Schlager.

Lauthals sang er mit:

Es hängt ein Pferdehalfter an der Wand,
und ein Sattel liegt dort nebenan.
Ihr fragt, warum ich traurig bin,
ich schau nur zum Pferdehalfter hin.

Ich kannte das Lied aus dem Radio. Der Sänger sang davon, dass ihm sein Pferd gestorben war und er das nicht verwinden konnte.

Die Kapelle intonierte nun die zweite Strophe. Fast sprach der Sänger in das Mikrophon:

Ich weiß, ihr glaubt, dass ich verrückt bin.
Aber ich schäme mich meiner Tränen nicht.

Als das Lied zu Ende war, ging der Dahlhaus-Bauer ans Mikro und sagte: „Ich danke euch für eure Unterstützung. Für alle Erwachsenen im Zelt ein Bier auf meine Rechnung und für die Kinder eine Limo."

Ein großer Jubel brach los. Auch wir Kinder hüpften und klatschten in die Hände. So etwas gab es nicht alle Tage. Man klopfte mit den Händen rhythmisch auf die Tische und die Kapelle spielte einen Tusch. Der König Albert erhob sich und reichte dem Dahlhaus-Bauern die Hand. Aber irgendwie spürte er doch, dass ihm der Schneid abgekauft worden war.

Kurz darauf wurden wir Kinder nach Hause geschickt. Es war nur noch eine knappe Stunde bis Mitternacht und wir mussten schlafen gehen. Ich lief mit Inge und Ottomar den kurzen Weg zu unseren Häusern hinauf. Inge spielte mit ihrem Schlüsselanhänger und lächelte Ottomar an.

Zu Hause war alles dunkel. Kurt war wie die anderen großen Kinder natürlich noch unterwegs. Ich war todmüde und legte mich gleich ins Bett. Kaum dass ich noch einmal an Karoline dachte, die sich nicht mehr hatte sehen lassen.

Als meine Mutter irgendetwas summend und leise vor sich hin lachend in der Nacht kam und sich nebenan ins Schlafzimmer legte, nahm ich das kaum wahr, schlief sofort wieder ein.

Dann träumte ich vom Kettenkarussell. Der Aufseher wollte meine Fahrkarte nicht akzeptieren. Ich protestierte und verwies auf meine Freunde, aber niemand von ihnen war mehr zu sehen.

„Die Karte ist gefälscht, eindeutig!“, sagte er „Verschwinde, du hast Verbot für die nächsten drei Jahre.“

Vor Empörung schreckte ich sogar aus dem Schlaf auf. Oder nein, ein Geräusch aus dem Nebenzimmer musste mich aufgeweckt haben. Jemand klopfte an die Fensterscheibe im Elternschlafzimmer. Ich lauschte.

Ging da meine Mutter zum Fenster? Es wurde geöffnet und ich hörte eine Männerstimme. Unter dem Fenster gab es einen Holzstoß, da musste jemand heraufgeklettert sein.

„Du bist verrückt“, sagte meine Mutter leise, „der Junge, er schläft doch hier nebenan.“

Jetzt saß ich wie elektrisiert im Bett und spitzte die Ohren.

„Sei nicht so zimperlich. Heute ist doch Schützenfest.“

War das die Stimme von Onkel Arnold? Sicher war ich mir nicht, nur, Vater war es bestimmt nicht.

„Warte, ich ziehe mir etwas über“, sagte meine Mutter. Dann war es eine Zeitlang still.

Ich war hundemüde, aber jetzt wieder einschlafen durfte ich auf keinen Fall.

Ich hörte erneut ein paar Geräusche vom Fenster im Nebenzimmer. Ein kurzes, leises Lachen meiner Mutter.

„Oho“, sagte die Männerstimme.

„Lass das“, sagte die Mutter und kicherte. Sie quiekte fast, als ob sie gekitzelt würde. „Nun warte doch, ich sehe erst mal nach dem Jungen.“

Ihre Schritte kamen zur Tür. Ich stellte mich schlafend. Sie zog meine Steppdecke etwas höher und gab mir einen Kuss hinten auf den Haarschopf. Leise ging sie zurück und schloss die Tür hinter sich.

Mein Herz klopfte. Gab es Gefahr? Was konnte ich tun? Es war kaum noch etwas zu hören. Stöhnte da jemand? Die unterdrückten Stimmen konnte ich nicht mehr verstehen.

Wenn es Onkel Arnold war, war es jedenfalls kein Fremder, der da eingedrungen war, versuchte ich mich zu beruhigen. Wenngleich die Art des Zutritts durch das Fenster im ersten Stockwerk sehr ungewöhnlich war. Aber er würde der Mutter schon nichts antun. Der Aufseher vom Kettenkarussell, wenn der eingestiegen wäre, dann hätte ich … Ja, was denn? Ich war hilflos, wie meine Mutter.

Ich dachte noch kurz an Karoline. Morgen würde ich sie treffen und pausenlos mit ihr durch die Lüfte schweben. Dann überwältigte mich wieder der Schlaf.

Als ich am Morgen wach wurde, war es schon weit nach zehn Uhr. Trotzdem war ich der Erste, der aus dem Bett kroch. Ich ging sofort zur Schlafzimmertür, öffnete sie leise und spähte hinein. Mutter lag auf der Seite und schlief. Der Vater lag daneben auf dem Rücken, hatte den Mund weit offen und schnarchte leise. Ich war erst einmal beruhigt.

Zum Frühstück öffnete mein Vater eine Dose Ölsardinen. „Ich weiß gar nicht mehr, wie ich nach Hause gekommen bin“, stöhnte er. „Du glaubst nicht, was ich für Kopfschmerzen habe.“

Dann kam Onkel Arnold herein. „Ich habe schon einen kleinen Spaziergang gemacht. Da bekommt man wieder einen klaren Kopf. Das kann ich dir auch empfehlen, Walter“, sagte er, als er das jämmerliche Gesicht meines Vaters sah. Der winkte nur ab.

Meine Mutter schwieg. Ich sah sie von der Seite an.

Ich musste die Situation jetzt ausnutzen. Ich sagte: „Ich brauche für heute Nachmittag noch ein paar Marken für das Kettenkarussell."

„Die sollst du bekommen", hörte ich sofort Onkel Arnold sagen, „wenn es denn sonst nichts ist."

19 ZWEIBETTZIMMER

So oft es möglich war, ging meine Mutter frühmorgens hinunter zur Sperre, zog sich bei Sprattes Eiscafé ihren Badeanzug an, kühlte sich in dem frischen Wasser ein wenig ab und schwamm dann hinaus. Bis zur Brücke hinüber zur Kalberschnacke waren es immerhin mehrere hundert Meter. Das schaffte sie ohne Probleme, drehte um und schwamm ruhig wieder zurück. Das frische Wasser strömte an ihren Schläfen entlang und sie dachte an nichts. Sie war einfach ein Fisch und alle Schwere fiel von ihr ab. Sie brauchte sicher eine Dreiviertelstunde für die Strecke, aber sie war eine gute Schwimmerin.

Sie setzte sich ans Ufer, schloss die Augen, wartete, bis sie trocken war, und zog sich wieder an. Wenn sie dann hinauf zur Straße ging, war Frau Spratte oftmals dabei, frische Decken auf die drei Tische vor dem Café zu legen.

„Morgen, liebe Suse", rief sie ihr zu, „komm auf einen Kaffee!"

„Oh, vielen Dank, Ille", sagte meine Mutter.

Die Einladung nahm sie gerne an, auch wenn ihr dann kein Bohnenkaffee angeboten wurde, sondern Muckefuck, eine Art Ersatzkaffee. Aber der Bohnenkaffee wäre ihr so früh morgens eh zu stark gewesen.

Ihre Haare waren noch nass. Sie strich sie mit der Hand nach hinten und hielt das Gesicht der warmen Sonne entgegen. Sie schloss die Augen und seufzte.

„Es ist wirklich wunderbar, morgens im See zu schwimmen!"

Ille Spratte dagegen stand schon mit beiden Beinen voll aktiv im Tag. Um ihre kräftige Taille hatte sie eine weiße Schürze gebunden.

„Komm, ich zeig dir die Zimmer. Sie sind schon fix und fertig eingerichtet. Sie haben zwar kein Fließwasser, aber die Dusche am Ende vom Flur ist schon fertig. Die ersten Gäste können kommen. Denk dir, ein Ehepaar aus Bochum hat sich schon telefonisch angemeldet."

Meine Mutter staunte. Das sah ja alles wirklich feudal aus. In den drei Zweibettzimmern gab es Teppiche, je ein Bett auf jeder Seite, zwei kleine Sesselchen und schöne Vorhänge vor den Fenstern. Die Fenster zeigten natürlich hinaus auf den See.

„Und morgens können die Gäste auf der Terrasse frühstücken."

Sie saßen wieder draußen in der Sonne. Ille goss noch ein Tässchen Muckefuck nach.

„Die Gäste bekommen natürlich echten Bohnenkaffee."

„Aber wie habt ihr denn die Genehmigung für die Fremdenzimmer bekommen?"

„Mein Mann hat mit dem Ortsvorsteher gesprochen. Der meint auch, dass es für das Dorf gut ist, wenn wir Gäste haben. Unsere Wohnung im Anbau stellen wir für Vertriebene bereit, deshalb dürfen wir die Zimmer vermieten."

Ille war richtig aufgekratzt.

„Komm, wir essen noch ein Eis!"

„Schon so früh am Morgen?“

Meiner Mutter war es fast ein wenig peinlich, so von Ille ausgehalten zu werden.

„Ich bringe dir morgen mal ein Glas von meiner Himbeermarmelade mit. Die musst du probieren“, sagte sie.

Von der Straße kam ein Auto die Auffahrt heraufgefahren. Es war ein Opel-Blitz-Pritschenwagen. Auf der Ladefläche standen mehrere Kästen mit Sinalco- und Bierflaschen.

„Bonjour“, rief der Fahrer, als er aus dem Kleinlaster stieg. Es war Pierre. Er lieferte dem Café die kalten Getränke.

„Zwei so schöne Frauen schon am frü'en Morgen! Der 'immel meint es gut mit mir.“ Er schob seine Baskenmütze keck ein bisschen nach hinten.

„Magst du auch einen Kaffee?“

„O, merci, merci, deine Brü'e ist wirklich nichts für mich.“

Meine Mutter lachte und leckte an ihrem Eis.

„Dann lad schnell ab und verschwinde wieder“, sagte Ille. Aber Pierre setzte sich dann doch zu den beiden und steckte sich eine Gauloises an.

„Über meine Brühe meckern und mit deinem schrecklichen Kraut die Luft verpesten! Vom französischen Charme hast du aber auch gar nichts mitbekommen“, sagte Ille.

„Ich bin schon zu lange 'ier in Deutschland, da ist es kein Wunder, dass man verroht. Aber bald fahre ich für ein klein Urlaub nach Saint-Nazaire. Da werde ich euch ein duftendes Lavendelsträußchen mitbringen.“

Ille ging ins Café, um das Geld für die Rechnung zu holen.

„Du bist doch ein echter Charmeur“, sagte meine Mutter.

„Und du, Suse, bist schönste Frau im Dorf. Aber bitte, sag nichts davon zu meine Magda.“ Er kniff ihr ein Auge zu.

Als er mit seinem Lieferwagen wieder losfuhr, warf er den beiden Frauen aus dem offenen Seitenfenster noch ein paar Kusshände zu.

„Hast du gehört“, sagte Suse dann, „bei Vollmerhaus gibt es jetzt einen Fernseher, da kann man samstagabends die Fernsehschau sehen, den Peter Frankenfeld oder so.“

„Mir ist ja der Kulenkampff lieber, den hab ich schon bei meinem Schwager in Meinerzhagen gesehen.“

„Was sich so alles tut hier bei uns!“

Dann sagte Ille plötzlich: „Wieso sieht man denn den Arnold gar nicht mehr? Das frag ich mich schon die ganze Zeit. Beim Schützenfest war er doch noch so intensiv dabei.“

„Ach, hör doch auf mit dem Arnold. Willst du das Gerede auch noch unterstützen? Es war nichts mit dem Arnold. Lass mich in Frieden.“

Meine Mutter stand abrupt auf.

„Danke für den Muckefuck.“

Sie warf den Kopf in den Nacken und ging schnellen Schrittes davon.

20 TOD IN DER WASCHKÜCHE

„Denk daran, heute ist Waschtag“, sagte meine Mutter, als ich mich morgens mit dem Ranzen auf dem Rücken auf den Weg in Richtung Schule machte.

„Trödel nicht rum und komm gleich nach Haus.“

Das brauchte sie mir nicht zweimal zu sagen, denn die Aufgabe, die ich am Waschtag zu erfüllen hatte, war eine meiner Lieblingsbeschäftigungen.

Die Waschküche war ziemlich dunkel. Sie hatte zwar seitlich eine Tür zum Hof hin, aber nur zwei schmale Fenster weit oben an der Wand. Der Fußboden war aus Stein mit einem leichten Gefälle zur Mitte des Raumes, wo es einen Abfluss gab. An der Wand standen ein paar Zinkwannen und Schüsseln, ein Waschbrett und ein Gestell mit zwei Walzen, zwischen denen die Wäschestücke ausgewrungen werden konnten. Das Wasser lief dann über den Boden in den Abfluss.

Das Herzstück stellte der Waschkessel in der linken Ecke dar. Dieses Monstrum war sicher über einen Meter hoch, kreisrund aus Beton gefertigt mit einem metallenen Deckel. Darin befand sich der eigentliche Kessel, in dem die Kochwäsche in einer Seifenlauge lag. Das hatte Mutter alles schon vorbereitet. Am Vorabend war nach Kochwäsche und Buntwäsche sortiert worden. Über Nacht wurde die Wäsche dann in Sodawasser eingeweicht und am Morgen in die Lauge im Kessel gepackt.

Hier war ich jetzt gefragt! Im unteren Teil, unter dem Kessel, gab es eine Klappe und dahinter das Feuerloch samt Ascheschublade darunter. Dort wurde das Feuer entzündet, das Lauge und Wäsche im Kessel langsam erhitzen sollte. Und ich war der Feuermeister!

Direkt nach dem Mittagessen verschwand ich in der Waschküche. Die Hausaufgaben durften ausnahmsweise auf den späteren Nachmittag verschoben werden.

Für das Anmachholz hatte ich mit der Axt einen trockenen Holzscheit in kaum mehr als fingerdicke Späne zerteilt. Zwei, drei Hände voll davon reichten aus, um mit etwas Zeitungspapier ein erstes kleines, lustiges Feuerchen zu entfachen. Schon konnten fast armdicke Aststücke aufgelegt werden, die schnell Feuer fingen und genügend Flammen entwickelten, so dass ich nun größere Buchen- oder Eichenklötze auflegen konnte. Brannte das Feuer erst einmal, ging ich mit einem Korb um das Haus herum und holte Holz als Nachschub, dicke Stücke, aber auch ein paar dünnere, falls die Intensität des Feuers mal etwas nachlassen sollte.

Das Feuerloch war nicht besonders groß und es erforderte schon ein gewisses Geschick, ein richtiges Verhältnis zu finden: Wenn das Feuer zu sehr herunterbrannte, gab es nicht genug Heizleistung; waren die Flammen zu stark, fing alles an zu glühen und ich konnte die Klappe selbst mit einem Topflappen kaum noch anfassen.

Es machte mir ungeheuren Spaß und nach etwa einer halben Stunde, wenn ich den großen Deckel prüfend anhob, stieg aus dem Kessel schon etwas Kochdunst auf. Mit dem Finger prüfte ich, ob das Wasser schon langsam lauwarm war. Mit einem riesigen Holzstab musste ich die Wäsche umrühren und die aufsteigenden Wäschestücke wieder niederdrücken. Deckel zu und weiter heizen.

Ich kniete vor dem Ofenloch, legte gut dosiert die Holzscheite nach und bewunderte mich, wie schön es mir gelang, die Wäschesuppe zu erhitzen.

Ich wollte ein Lied singen, aber mir fiel kein Lied über das Feuer ein. Dann plötzlich hatte ich den neuen Schlager von Freddy Quinn im Ohr, *brennend heiß*, zumindest dieser Ausdruck passte.

Ich sang dann laut in die Waschküche hinein:

Brennend heißer Wüstensand,
so schön, schön war die Zeit,
fern, so fern dem Heimatland,

so schön, schön war die Zeit,
kein Gruß, kein Herz,
kein Kuss, kein Scherz,
alles liegt so weit, so weit,
so schön, schön war die Zeit.

Hei, da brannte das Feuerchen noch besser. Langsam hob sich der Deckel schon von selbst und ich musste mit dem großen Holzstab wieder umrühren. Leichte Kochschwaden zogen schon in die Waschküche.

Natürlich konnte ich von dem Schlager auch die erste Strophe. Das Lied lief ja täglich im Radio.

Dort, wo die Blumen blüh'n,
dort, wo die Täler grün',
dort war ich einmal zu Hause.
Wo ich die Liebe fand,
dort ist mein Heimatland,
wie lang bin ich noch allein?

Die Tür zum Hof hin wurde von außen plötzlich aufgerissen und mein Bruder stand in der Öffnung.

„Was singst du denn hier für einen Stuss? Ich glaube, ich muss dir mal Schnulzenverbot erteilen. Schon mal was von Elvis Presley gehört?“

Er kam auf mich zu und gab mir eine Kopfnuss.

„Lass das“, schrie ich zurück, „und mach die Tür zu, es zieht, und ich muss das Feuer regeln.“

„Tu dich mal nicht so wichtig mit deinem Feuerchen“, sagte er, „aber mach du mal, ich bin nur froh, dass ich die Arbeit nicht mehr tun muss. Das ist ja eh nur Kinderkram.“

Er verschwand wieder und schlug die Tür hinter sich zu. Mir war die Lust am Singen vergangen. Die ganze Freude hatte er mir genommen. Natürlich kannte ich auch diesen Elvis Presley. Ich hörte doch ihre Hitparade heimlich immer mit. Dann verbrannte ich mir auch noch die Finger an der Ofenklappe.

Die Brühe aber fing deutlich an zu brodeln. Bald war es so weit. Der Deckel hob sich alle paar Minuten klappernd. Ich legte noch etwas Holz nach, nicht zu dick, damit sich schnell weitere Hitze bildete. Das obere Drittel des Raumes war schon mit dichtem Laugenkochdunst angefüllt. Ich kniete unten und stocherte mit einem Eisen ein bisschen in der Glut.

Als der Dampf immer dichter wurde, wollte ich eines der oberen Fenster öffnen, aber sie waren so hoch, dass ich nicht an den Griff kam. Das Hemd klebte mir feucht am Körper.

Der Deckel hoppelte nun beständig auf dem Kessel. Die Wäsche wurde von unten hochgedrückt. Schnell nahm ich ein Handtuch, legte es um den Griff des Deckels und hob ihn neben dem Waschkessel auf den Boden. Mit dem Holzstab versuchte ich, die Wäschestücke wieder nach unten zu drücken. Nun stiegen erst recht die Schwaden auf und bald war die gesamte Waschküche von einem schwülen, warmen, seifigen Dunst erfüllt. Das Atmen fiel schon schwer. Ich ging auf die Knie, erkannte gerade noch das Ofenloch und schloss die Luke und alle Luftschlitze, damit durch den Zug die Flammen nicht noch größer wurden. Oben schwappte schon die erste kochende Brühe über den Rand des Kessels. Dass es an der Seite des Kessels einen Ablaufhahn gab, kam mir in dieser Situation nicht in den Sinn.

Dann wollte ich das Schlachtfeld verlassen. Eigentlich hatte ich ja den Sieg errungen. Alles kochte und brodelte. Ich tastete mich zur Tür auf den Hof. Da fuhr ein Schreck in mich. Die Tür ließ sich nicht öffnen. Die Türklinke ließ sich nicht niederdrücken. Ich rüttelte und klopfte. Nichts ging. Ich war gefangen. Gefangen in der höllischen Schwadenwelt.

Ich hatte mal gehört, dass man sich bei einem Brand im Zimmer flach auf den Boden legen soll, weil es desto mehr an reiner Luft gab, je tiefer man lag. Also legte ich mich hin und hatte in meiner Angst sogar noch das gute Gefühl, dass unter der Ritze der Hoftür ein wenig frische Luft hereingelangte.

Zum Schreien war ich fast zu schwach. Panik ergriff mich, aber dann hörte ich mich doch rufen.

„Hilfe", rief ich, „zu Hilfe!"

Ich sorgte mich sehr um mich, weil meine Stimme schon so erbärmlich klang.

Ganz kurz, bevor ich starb – hatte ich das Gefühl –, wurde die Tür geöffnet. Die Kochschwaden strömten an meiner Mutter, die in der Öffnung stand, vorbei nach draußen. Sie stand da im gleißenden Licht wie ein Engel in himmlischen Lüften.

Dann erblickte ich meinen Bruder hinter ihr. Er sah mich auf dem Boden liegen und wurde bleich. Ehe meine Mutter sich um mich als Opfer kümmerte, gab sie dem Verursacher eine schallende Backpfeife. Kurt hatte von außen eine Dachlatte unter die Türklinke geklemmt, so dass ich nicht entkommen konnte.

Als ich erkannte, dass ich lebte, abgesehen von dem Schreck sogar ganz passabel, erfasste ich die Situation schnell.

„Nun komm, steh auf, du bist befreit", sagte meine Mutter.

Aber ich blieb liegen, öffnete die Augen nicht und streckte alle Viere von mir. Sollte Kurt doch jetzt seine Angst bekommen.

Das gelang zunächst wohl auch ganz gut. Kurt war kleinlaut wie selten und duckte sich in sich zusammen. Zu allem

Überfluss sagte ich nun auch noch, leise vor mich hingehaucht: „Ich glaube, ich sterbe."

Das war der Mutter dann doch zu viel. Sie füllte eine Schüssel mit kaltem Wasser und schüttete sie mir ins Gesicht. Ich lebte wieder.

„Pass auf, dass du nicht auch noch eine Backpfeife bekommst. Marsch, jetzt an deine Hausaufgaben!"

21 DIE TOMMYS

Kurt und Klaus saßen schon mehr als eine Stunde vor Beginn auf der Treppe zu Volmerhaus' Saal, wo heute in der Nachmittagsvorstellung ein Westernfilm gezeigt werden sollte: *Fuzzy und der Pleitegeier.* Das durften sie auf keinen Fall versäumen! Ein gesprengter Banktresor, ein Duell mit Pistolen, eine Befreiung aus dem Gefängnis, Intrigen und Freundschaft bis in den Tod – mehr konnte ein Film doch nicht bieten.

Alle vier Wochen kam am Sonntag ein Filmvorführer, zeigte nachmittags einen Film für die Jugend oder für Kinder, und dann am Abend waren die Erwachsenen dran: *Liebe auf Eis* mit Heinz Erhardt oder *Bei Anruf: Mor*d von Alfred Hitchcock.

Da war die große Welt im Dorf. Es durfte nur nicht passieren, dass zu wenig Zuschauer kamen, dann wurde die Vorführung nämlich abgesagt.

Mittwochs hörten die Jungen heimlich NWDR bei uns in der Küche im Radio. Sie hatten Glück, dass Mittwochabend die Blaskapelle ihre Probe hatte und Vater weg war. Die Mütter trafen sich zur Handarbeit in der Schule.

Es wurde englische Popmusik gespielt. Chris Howland war der Schallplattenjockey und moderierte die Sendung. Er hatte einen starken britischen Akzent und wirkte dadurch sehr authentisch. Neben Bill Haley und The Platters war der Skiffle-Musiker Lonnie Donegan der Favorit der Jungen.

„Heute Abend wieder Heinrich Pumpernickel“, sagte Klaus zu Kurt und sie kniffen sich ein Auge zu. Aber weder meine Eltern noch ich selbst kam dahinter, was sie mit *Pumpernickel* meinten. Niemand sonst von uns wusste, dass dies ein erfundener Spitzname dieses Radiosprechers war, den er sich selbst in einer der Sendungen gegeben hatte.

Sie führten Buch und schrieben die Titel und Interpreten in ein Schulheft, wenngleich ihre Einträge mangels Englischkenntnissen in erster Linie aus Lautschrift bestanden. Aber Englisch war modern und Rock'n'Roll sowieso. Ich hörte heimlich aus dem Schlafzimmer nebenan mit.

Dann kamen die Tommys selbst. Irgendwie war das bedrohlich.

Wir saßen in der Schule und hörten den Lärm von der Straße. Wir liefen zu den Fenstern. Zuerst Motorräder, dann Lastwagen ohne Ende. Dazwischen Jeeps. Wir Jungen drückten die Mädchen beiseite und blickten sehr interessiert. Wenn die Kolonne stehen blieb, sprangen einige Soldaten in Uniform von den Wagen. Wir hörten geschriene Kommandos. Dann wurde das Gerassel ohrenbetäubend laut. Ein Panzer kam vorbeigefahren. An die Stelle der Neugierde trat immer mehr Beklemmung oder gar Angst.

„Alle wieder hinsetzen“, befahl Lehrer Krusemann. „Das ist ein Manöver, das die Soldaten hier bei uns abhalten. Die bleiben acht Tage. Das sind die Engländer. Die wollen wir zwar hier eigentlich auch nicht haben, aber die sind immer noch besser als die Russen. Wenn sie den Iwan verschrecken, na, meinetwegen." Mehr sagte er nicht.

Bei Volmerhaus an der Theke gab es hitzigere Diskussionen.

„Ich dachte, der Krieg ist vorbei. Wir haben doch genug geblutet. Die Besatzer könnten endlich abziehen."

„Das sind unsere Freunde, kapier doch mal, das Besatzungsrecht hat 1955 geendet."

„Aber noch immer gibt es mehr als 100 000 britische Soldaten in Deutschland."

Der Wirt zapfte ein paar neue Bier. Er stellte die vollen Gläser auf die Bierdeckel und machte ein paar Kreuzchen.

„Ist es denen nicht verboten, auch nur mit uns zu sprechen? Ich glaub, da gilt immer noch dieses Fraternisierungsverbot."

„Meine Güte, das sind jetzt unsere Verbündeten."

Die Stimmung war ziemlich gespalten. Mit jedem Bier wurden die Stimmen lauter.

„Besatzer oder Verbündete, das ist mir egal", sagte Bauer Toni. „Im letzten Jahr haben sie auf meinem Feld hinterm Tannenwald die gesamte Frühjahrssaat verwüstet. Die Entschädigung – das war ein Witz!" Er schlug mit der Faust auf den Tisch. „Und die verschmutzten Straßen machen die auch nicht wieder sauber."

„Das sagt gerade der Richtige", war Otto zu hören. „Deinen Dreck vom Kühetreiben muss ich jedes Mal wegmachen. Sei froh, wenn die hier sind und uns vor den Russen schützen. Ich hab die Russen in Finnland erlebt. Die machen mehr als Straßendreck."

Oben hinter unserem Haus stellten die Tommys riesige Zelte auf, sie bauten auf der Wiese ein großes Lager. Wir schlichen uns am Nachmittag hinter ein paar Büschen heran und beobachteten aus der Deckung ihr Tun. Nur Ottomar, Wolf und ich waren dabei.

„Für Mädchen ist das nichts, zu gefährlich."

Links am Bach gab es ein Küchenzelt, das konnten wir bald erkennen. Große Holzkisten wurden dort gestapelt und Kanister gelagert. Sie bauten Klapptische auf und stellten Holzbänke davor. Andere rollten von dicken Kabeltrommeln Leitungen ab, die hunderte von Metern bis unten ins Dorf zu einem Stromhäuschen geführt wurden. Die Zufahrt von der Straße wurde mit einem LKW voll Schotter befestigt. In kürzester Zeit hatten zehn oder zwölf Soldaten mit Schaufeln und Schubkarren die Arbeit erledigt. Sie lachten dabei und machten lautstarke Scherze. Die Fahrzeuge waren mit Dunkelgrün und Oliv bemalt.

„Zur Tarnung", sagte Ottomar, „und wenn die nachts fahren, machen die auch kein Licht an. Die darf der Feind nicht sehen."

Woher der so was alles wusste? Und welcher Feind denn?

Plötzlich tauchten hinter uns in schnellem Lauf ein paar Engländer auf. Sie sprangen durch die Büsche, Zweige knackten, Grasfetzen flogen unter ihren Schritten auf. Wir waren wie vom Teufel überrascht. Sie trugen braune oder grüne Uniformen, schwarze Stiefel und sahen groß und mächtig aus. Wir hielten schützend unsere Arme über den Kopf.

„Hey, guys", rief einer, „good Kind, come on."

Wir hatten noch mal Glück. Sie verhafteten uns nicht, packten uns nicht, schlugen uns nicht, sondern lachten und gaben uns einen freundschaftlichen Klapps.

Einer von ihnen war sogar ein Neger! Noch nie hatten wir einen schwarzen Mann gesehen. Wir wurden stocksteif vor Angst. Sie sagten noch mal irgendwas, was wir nicht verstanden. Der Neger griff in seine Tasche und gab jedem von uns eine große braune Münze, einen Penny, wie wir später erfuhren. Dann waren sie mit ein paar schnellen Sprüngen den Abhang hinunter schon wieder weg.

Wir waren fix und fertig, rangen immer noch um Atem. Uns reichte es. Wir zogen uns lieber wieder zurück. Unsere Hausaufgaben hatten wir auch noch nicht gemacht.

Von den Erwachsenen schnappten wir in den nächsten Tagen hier und da ein paar Bemerkungen auf.

„Sie müssen die Brücke verteidigen“, berichtete Ottomar. „Die Russen kommen von drüben, von Herpel. Aber sie dürfen auf keinen Fall rüber. Das muss verhindert werden. Zur Not wird die Brücke gesprengt.“

Mir wurde heiß und kalt. Es verschlug mir die Sprache.

„Ist das wirklich wahr?“, brachte auch Wolf entsetzt hervor. „Die Brücke …“

Ottomar winkte überlegen ab.

„Ein Manöver ist nur eine Übung. Die tun nur so. Die Russen sind natürlich noch nicht hier. Aber wenn, man weiß ja nicht, die könnten schnell hier sein, die sind wirklich gefährlich, die haben uns schon einmal besiegt. Dann wird auch die Brücke in die Luft gejagt.“

„Können die Russen wirklich kommen?“, fragte ich.

„Mein Vater sagt, dass die Russen und die Amis sich nicht mögen“, antwortete Wolf. „Die würden sogar Krieg gegeneinander führen. Und die Amis, die helfen uns, wenn die Russen kommen.“

„Und die Tommys?“

„Die halten natürlich nicht mit den Russen. Das siehst du ja schon, die spielen doch die Schlager aus Amerika.“

Ach, so war das.

Zwei Tage später, als wir aus der Schule kamen, stand auf der Brücke in der Dorfmitte ein Marketender-Wagen. Hinten von der offenen Rückseite des LKWs aus verkauften ein paar Männer an die anderen Soldaten verschiedene Artikel des täglichen Bedarfs, die sie nicht in ihren normalen Rationen zugeteilt bekamen. Es gab dort Rasiercreme, Kämme, Zeitschriften, Briefpapier, Zigaretten oder Süßigkeiten. Eine lange, lautstarke Schlange hatte sich gebildet. Alle redeten wild durcheinander, man rauchte, schubste sich, lachte und gestikulierte. Viele trugen ihre Uniformmütze unter dem Arm und hatten die oberen Kragenknöpfe geöffnet.

Wir standen etwas abseits und sahen dem Treiben zu.

Da kam einer der Soldaten auf mich zu. Ich zuckte zusammen. Mein Gott, es war der Neger, der uns am Abhang aufgespürt und uns das Geldstück zugesteckt hatte. Er packte mich, hob mich hoch und stellte mich auf die Ladefläche des LKWs.

„This guy has got some money“, sagte er und machte mit dem Arm eine ausladende Bewegung hinweg über die anderen Soldaten. Er lachte. Seine weißen Zähne blinkten. Ein paar der Tommys klatschten in die Hände. Ich stand da oben in meiner kurzen Lederhose, mit meinem deutschen Haarschnitt und rotem Kopf und holte tief Luft.

„Show your money, guy", sagte der Schwarze zu mir.

Ich verstand nicht.

Dann holte er selbst aus seiner Tasche ein Geldstück hervor, hielt es zwischen den Fingern, hob es hoch und gab mir ein aufforderndes Zeichen.

Vor dem Wagen war es jetzt mucksmäuschenstill geworden. Alle beobachteten die Szene.

Dann kapierte ich. Ich fingerte mit zwei Fingern in der rechten Tasche meiner Lederhose, fühlte das große Geldstück und bekam es zu fassen, zog es heraus und hielt es zögerlich in die Höhe.

Ein Jubel brach aus.

„For he's a jolly good fellow, for he's a jolly good fellow", sangen die Soldaten und ich wusste nicht, was sie so begeisterte.

„So give me your penny", sagte der Soldat auf dem Wagen, „gib mir."

„Chewing gum, chewing gum!", skandierten die Soldaten.

Ich gab meinen Penny hin. Ich bekam ein kleines, längliches, weißes Päckchen mit grüner und roter Schrift.

Ich war der erste im Dorf, der ein Päckchen Kaugummi in seinen Händen hielt. Was sollte man damit bloß machen?

Am Sonntag gab es dann noch einmal große Aufregung. „Wolfs ältere Schwestern Irma und Hedwig haben sich ansprechen lassen", berichtete Frau Martin atemlos, als sie am Nachmittag mit meiner Mutter und anderen Frauen aus dem

Dorf beim Kaffee saß. Sie hätten schick zurechtgemacht auf der Bank vor ihrem Kaufmannsladen gesessen, als vier, fünf Engländer vorbeigeschlendert kamen. Diese seien auf der anderen Straßenseite stehen geblieben, hätten den Mädchen zugewinkt, gelacht und in den Hüften gewippt. Einer habe sogar eine Kusshand hinübergeworfen. Man stelle sich vor! So eine Unverschämtheit. Sie habe alles aus dem Fenster beobachtet. Aber was noch schlimmer war: Die Mädchen hätten gekichert.

„Sie haben nicht empört zur Seite gesehen, stellt euch das vor, sie haben gekichert. Das ist doch, streng genommen, so etwas wie Aufforderung zur Unzucht!"

„Was willst du?", entgegnete meine Mutter. „Die Mädchen trifft doch keine Schuld. Die sind doch alt genug, um auch mal auszugehen. Ich glaube, die Ältere ist schon neunzehn. Die wissen schon, was sie tun."

„Nein, nein, was haben die da zu suchen? Wenn die Engländer im Dorf sind. In solch einer Aufmachung. Den Soldaten den Kopf verdrehen! Solche losen Sitten!" Frau Martin war regelrecht außer sich. „Bei Mädchen aus unserm Dorf wäre so etwas nicht vorgekommen."

„Ich finde es eher unerhört, dass man die Soldaten auf unsere jungen Frauen loslässt. Ich bin nur froh, wenn die bald wieder hier verschwunden sind", sagte Tonis Frau.

„Gespräche sind jetzt jedenfalls erlaubt", mischte sich meine Mutter wieder ein. „Bis vor ein paar Jahren hatten die in den großen Städten noch ihre eigenen Läden und Klubs und da gab es Schilder *No Germans*. Das weiß ich von einer Bekannten aus Hamburg. Ist doch gut, dass die Zeiten vorbei sind. Davon haben wir hier doch gar nichts mitgekriegt."

Frau Martin schüttelte immer noch den Kopf. „Ich werde meinem Sohn Jörg jedenfalls nicht mehr erlauben, dass er mit der Irma Kontakt hat. Die lässt sich mit den Tommys ein. Die ist für mich ein Flittchen."

22 HERR, ES IST ZEIT

Wieder war ein Sommer fast vorbei. Zumindest die großen Ferien neigten sich dem Ende. Noch ein paar unbeschwerte Tage mit nur wenigen Pflichten, mit den nackten Füßen im Bach und Wettrennen über die abgemähten Wiesen. Die Erscheinung der Farben wechselte schon langsam von einem frischen Glanz zu einem müden, satten Ton. Der Klatschmohn war längst verblüht und auch die Wiesenmargeriten zeigten nur noch wenige ihrer weißen und gelben Blütenköpfchen. Der Fingerhut mit seiner violetten Farbe hob sich selbstbewusst hervor und dominierte die Hänge. Ende August machten sich dann schon die ersten Zugvögel auf in Richtung Süden. Sie fliegen bis nach Afrika, das wussten wir, aber wir konnten uns das nicht vorstellen. Bis Afrika war es doch unendlich weit. Die meisten Sorten des Getreides waren abgeerntet. Auf den Stoppelfeldern konnten bald die Papierdrachen steigen. Der Wind würde nicht mehr lange auf sich warten lassen.

Wir freuten uns kaum noch über einzelne heiße, schwüle Tage, und Kühle und Feuchte machten sich insbesondere in den Nächten schon bemerkbar. Dazu gab es auch mitunter starken Regen oder sogar Unwetter mit Hagel und dann auch mit heftigem Wind.

In der Schule mussten wir ein Gedicht von Rainer Maria Rilke lernen. Der Lehrer startete dieses anscheinend aussichtslose

Unterfangen mit Energie und drohendem Rohrstock. Was mich betraf, war meine Mutter an zahlreichen Nachmittagen seine unermüdliche Helferin, so dass ich einer der wenigen war, bei denen der Lehrer für sich einen Erfolg verbuchen konnte.

Als ich später in der Schule in der Stadt war, wollte es der dortige Lehrer kaum glauben, dass ich als zehnjähriger Junge aus dem Sauerland dieses Gedicht auswendig aufsagen konnte. Aber es ging mir ohne Probleme von den Lippen:

Herr: es ist Zeit. Der Sommer war sehr groß.
Leg deinen Schatten auf die Sonnenuhren,
Und auf den Fluren lass die Winde los.
Befiehl den letzten Früchten voll zu sein;
Gib ihnen noch zwei südlichere Tage,
Dränge sie zur Vollendung hin und jage
Die letzte Süße in den schweren Wein.

Wer jetzt kein Haus hat, baut sich keines mehr.
Wer jetzt allein ist, wird es lange bleiben,
Wird wachen, lesen, lange Briefe schreiben
Und wird in den Alleen hin und her
Unruhig wandern, wenn die Blätter treiben.

Ich fragte mich Jahre später, als ich das Gedicht immer noch vollständig und wortwörtlich im Sinne hatte, was Lehrer Krusemann wohl an diesem Rilkeschen Kunstwerk gefunden hatte. Vor allem das Mitgefühl mit heimatlosen, vereinsamten Menschen, das in der letzten Strophe thematisiert wird, schien mir zu der schroffen und autoritär ablehnenden Art des Lehrers kaum zu passen. Für Wolf und seinesgleichen hatte er nur Spott und seinen Rohrstock übrig. Dieser weigerte sich übrigens grundsätzlich, nur eine Zeile des Gedichtes aufzusagen. Was steckte in dem zynischen Mann mit dem Holzbein, der andererseits so feinfühlig zerschnittene Fingerchen verbinden konnte?

Onkel Arnold, der doch ein so häufiger Gast bei uns gewesen war, ließ sich nicht mehr blicken. Er hatte angeblich in seinem Büro in der Großstadt so viel zu tun, dass er sich seine Landpartien nicht mehr gönnen konnte. Sein elegantes Auftreten und seine selbstbewusste Art, die ein wenig Glanz und modernes Licht in die dörfliche Biederkeit gebracht hatten, fehlte wahrscheinlich besonders meinem Vater sehr. Aber er und Mutter erwähnten ihn in ihren Gesprächen nicht mehr. Mir war es recht und ich wollte eigentlich auch nicht mehr darüber wissen. Auf seine Geschenke konnte ich verzichten.

Karoline war schneller gewachsen als ich. Sie war jetzt fast einen halben Kopf größer und ich begann plötzlich, mich immerzu nach ihr zu sehnen. Ein solches Kribbeln hatte ich noch nie gespürt. Manchmal stockte mir fast der Atem und ich wusste nicht warum. In den Schulstunden sah ich nur zu ihr hinüber. Wenn der Lehrer ihr eine Frage stellte, zitterte ich mit, dass sie die richtige Antwort fand. In den Pausen musste ich mich zurückhalten, ihr nicht nachzulaufen. Mein Herz pochte so stark. Wenn sie mich ansah, war es der schönste Moment des Tages. Mit niemandem konnte ich darüber sprechen.

Meine Mutter war auch ziemlich wortkarg geworden. Sie saß oft in der Küche und starrte vor sich hin. Beim Kartoffelnschälen ließ sie das Messer sinken und seufzte. Ich stubste sie an.

„Ist es wegen Onkel Arnold?“, fragte ich unvermittelt.

Sie sah mich verwundert an: „Was meinst du?“

Ich antwortete nicht.

Sie blickte über den Tisch hin. „Nein, es ist nichts“, sagte sie.

Dann nahm sie mich in den Arm: „Mein guter Junge.“

Da war für mich erst einmal alles wieder in Ordnung.

Vater kam von der Arbeit nach Hause. „Wir von der Verkehrsgemeinschaft suchen einen Busfahrer. Es ist schwierig, qualifizierte Kräfte zu finden.“

Ich horchte auf: Wolfs Vater war doch früher Kraftfahrer gewesen. Ich sagte es dem Vater. Er nahm meinen Hinweis zur Kenntnis und ging am folgenden Abend hinüber zu den Baracken.

Durch den langen, dunklen Holzflur mit den knarrenden Brettern und dem Kohlgeruch, vorbei an den vor den Türen aufgestellten Schuhen und dem Kindergeschrei ging er bis zur hintersten Wohneinheit. Wolfs Mutter öffnete auf sein Klopfen hin grußlos die Tür, blickte ihm ins Gesicht und zeigte auf ihren Mann, der am Tisch saß und schlief.

„Kowolik?“, fragte Vater.

Der Mann sah auf. Mein Vater bereute es fast schon, hierhergekommen zu sein. Er sah sich kurz in dem trostlosen Raum um. In der Ecke stand auf einem Regal eine vergilbte und verkrustete Kochplatte, daneben ein hoher Kochtopf und eine Pfanne. In der anderen Ecke lehnte ein Stubenbesen. Eine Fensterscheibe war mit einem Stück Pappe verklebt. Die Luft war stickig. Dann nannte Vater doch knapp sein Anliegen.

Herr Kowolik schien von einem Moment auf den anderen wie elektrisiert. Alle Schläfrigkeit hatte er mit einem Federstrich abgeschüttelt und seine Augen blitzten plötzlich hell.

„Ihr könnt euch nicht vorstellen", erzählte Vater zu Hause beim Abendbrot, „welche Verwandlung mein vages Angebot in diesem Mann bewirkt hat! Erst jetzt kann ich verstehen, wie wichtig eine neue Perspektive für einen solchen Menschen und seine Familie sein kann."

„Na, dann hilf ihm doch. Seine Frau hat unserem Jungen auch geholfen", sagte Mutter.

Vater schmierte sich noch ein Brot mit Margarine und legte ein paar Gurkenscheiben darauf. Salz und Pfeffer durften nicht fehlen.

„Ich würde ja gerne, aber die Papiere", sagte er. „Er ist doch von drüben. Ich hoffe, da gibt es keine größeren Probleme."

Drei Wochen später standen wir an der Brücke in der Dorfmitte. Die Schule war gerade aus. Wir waren froh, dem Lehrer für heute entkommen zu sein. Ich stellte meinen Tornister vor meine Füße. Wir setzten uns auf das Geländer und baumelten mit den Beinen. Die Straße war leer. In Tonis Stall hinter uns blökten die Kühe. Eigentlich hatten wir Hunger auf das Mittagessen, aber wir warteten.

Da kam der rote Bus aus Meinerzhagen langsam die Dorfstraße heruntergefahren. Er glänzte in der Mittagssonne. Wir sprangen vom Geländer, stellten uns an den Straßenrand und winkten.

Der Bus hupte, fuhr langsamer und hielt dann an. Und wirklich: Herr Kowolik saß hinter dem Steuer. Er trug ein blaues Hemd und eine schicke Schirmmütze. Er öffnete die vordere Tür. Wir jubelten und klatschten in die Hände. Besonders Wolf wusste sich gar nicht zu halten.

„Will denn hier einer einsteigen? Kinder, Kinder, jetzt aber beiseite. Ich muss doch den Fahrplan einhalten."

Fünf Fahrgäste saßen im Inneren des Busses. Schon fuhr er wieder davon.

Wolfs Vater war der neue Busfahrer.

23 DIE PFOTE

Als Lehrer Krusemann um halb acht Uhr morgens das Haus verlassen wollte, blieb er wie angewurzelt stehen. Alles in ihm sträubte sich, nur einen Schritt weiter hinauszugehen. Sogar die Nackenhaare stellten sich auf zu einer kleinen Bürste. Wie zur Abwehr erhob er die rechte Hand halbhoch und hielt den Atem an.

Er war wie immer rechtzeitig aufgestanden, hatte sein Ersatzbein untergeschnallt, sich angekleidet, gut gefrühstückt und dann seine Aktentasche genommen. Er zog den Riegel zurück und öffnete die Haustür. Zunächst ging sein Blick nach oben. Der Himmel war blau. Die Luft wehte ihm kühl entgegen. Aber dann konnte er die Schwelle nach draußen nicht überschreiten. Ein Grausen packte ihn, nicht Angst, aber doch ein plötzlicher Schrecken. Er war völlig überrascht von dem, was er da sah.

Ein blutiger Kadaver lag auf seiner Türschwelle. Sein erster Gedanke war, ein Raubtier müsse seine Beute hier abgelegt haben. Er erkannte, dass es ein totes Kaninchen war, das hier vor seinen Füßen lag. Aus der Kehle war bis vor kurzem noch Blut getropft, und als er sich ein wenig hinunterbeugte, bemerkte er, dass eine Pfote fehlte, sie war vom Körper abgetrennt. Und Schauer und Fassungslosigkeit verstärkten sich, als er das fehlende Bein neben der Tierleiche liegen sah.

So schnell, wie es sein Holzbein erlaubte, eilte er den kurzen Weg zu Kösters Gasthaus hinunter. Er suchte einen Zeugen, der das Gesehene bestätigen sollte.

Gerade machte sich Otto mit seiner Schubkarre auf den Weg. Krusemann gestikulierte wie wild und nach ein paar Minuten standen sie vor seiner Eingangstür und blickten auf das blutige Kaninchen. Fliegen schwirrten schon um den toten Tierlaib.

Auch Otto war zunächst sprachlos. Dann dachte er an einen Vielfraß, ein Raubtier aus der Familie der Marder, das aber deutlich größer ist als die hier vorkommenden Artgenossen. Bis zu dreißig Kilogramm schwer kann so ein Bursche werden. Ein Kaninchen wäre für ihn kein Problem. Er kannte den Vielfraß aus Finnland, wo er ganz im Norden heimisch ist. Aber er wusste, dass der Lehrer stets sehr unwirsch reagierte, wenn er etwas aus Finnland erwähnte. Deshalb hielt er besser den Mund.

„Was meinst du, Otto?“

„Ich weiß nicht, Herr Lehrer. Ein Marder? Aber für einen Marder ist so ein Kaninchen schon ein ziemlich großes Tier.“

„Und hat ein Marder denn ein Messer dabei? Sieh mal, Otto, die Pfote scheint abgeschnitten zu sein.“

Als der Straßenwärter genauer hinsah, gruselte es ihn auch ein wenig.

„Ich werde ein Protokoll anfertigen, du musst es unterschreiben, Otto.“

„Was denken Sie denn, Herr Lehrer?“

„Das weiß ich noch nicht“, sagte Krusemann, „aber wir werden die Angelegenheit untersuchen!“

Polizist Körbler wollte sich der Sache nicht annehmen. Es sei kein Mensch zu Schaden gekommen, es habe sich keine direkte Bedrohung oder Beleidigung gezeigt. Es sei lediglich eine Sachbeschädigung oder vielmehr Tierbeschädigung, deren Ursache aber kaum zu klären sei. Auch sei ihm kein Verlust eines Kaninchen gemeldet worden, weder durch Diebstahl noch durch Entlaufen. Die Sache falle von daher nicht in seinen Zuständigkeitsbereich.

Doch bald redete das ganze Dorf über den Vorfall. Gingen viele zunächst von einer tierischen Räuberei aus, überzeugte Lehrer Krusemann die Mehrheit bald mit dem stichhaltigen Hinweis auf die abgeschnittene Pfote von einem Eingriff durch Menschenhand. Aber wer sollte solch eine Gräueltat begangen haben und aus welchem Grund?

Kaninchen gab es eine große Zahl im Dorf, sowohl in Boden- als auch vor allem in Käfighaltung. Auf jedem Hof und in jedem Garten stand doch irgendwo ein Verschlag mit Mümmelmännern. Genaue Zahlen konnte niemand nennen und niemand konnte bewusst sagen, dass ihm einer der Stallhasen fehlte.

Immer mehr versuchte man, zu einer Aufklärung zu kommen, indem man ein Motiv und einen möglichen Täter ausmachen wollte.

„Es muss jemand aus den Baracken getan haben“, vertrat der Schreiner bald eine explizite Meinung. „Wer sonst will den Frieden im Dorf stören? Der Lehrer ist eine Amtsperson, und wer ihn treffen will, will unsere Ordnung treffen.“

An der Theke im Gasthaus stimmten ihm mehrere Männer vehement zu.

„Wir sollten mal dahingehen und denen deutlich unsere Meinung sagen!“

„Ja, wir müssen uns endlich wehren!"

„Bleibt ruhig, Leute", sagte der Wirt, „das bringt nur Schwierigkeiten. Noch wissen wir doch nichts Konkretes."

Die Stimmung wurde ziemlich bedrohlich.

„Alles können wir uns nicht gefallen lassen."

„Ruhig, Leute!", sagte der Wirt noch einmal.

Aber was bedeutete die abgeschnittene Pfote? Hatte die irgendeinen Symbolwert?

Nun, bald wurde in der Diskussion der Zusammenhang zwischen dem fehlenden Bein des Kaninchens und der Amputation des Lehrers immer deutlicher. Aber was wollte man ihm damit antun? Der Lehrer war doch gestraft genug, warum wollte man ihn noch obendrein verletzen?

Auch mein Vater führte ein ernstes Gespräch mit mir und Kurt.

„Natürlich habt ihr selbst damit nichts zu tun, davon bin ich überzeugt. Wenn ihr jedoch irgendetwas in Erfahrung bringt, seid ihr verpflichtet, es zu melden."

Schließlich kam Lehrer Krusemann selbst die Erkenntnis, dass es außer ihm noch eine zweite Person mit einer Amputation im Dorf gab: Ottomar. Wollte irgendjemand eine Verbindung zwischen ihm und seinem Schüler aufzeigen? War es vorstellbar, dass der Junge indirekt oder gar direkt etwas mit dem grausigen Vorfall zu tun hatte?

„Er ist doch ebenfalls selbst ein Leidtragender", sagten Rodemann und andere Dorfbewohner. „Wieso sollte er ein solches Zeichen setzen?"

Lehrer Krusemann ging der einmal entdeckten Spur jedenfalls gnadenlos nach. Er nahm Ottomar nach dem Unterricht beiseite und befragte ihn in strengem Verhör, welchen Zugang er zu Kaninchen habe, wo er sich am frühen Morgen des besagten Tages aufgehalten habe, wollte wissen, ob er über ein Messer verfüge.

„Und wer hat dir bei deiner Tat geholfen?“, fragte er schließlich unvermittelt und sah ihn scharf an.

Da brach Ottomar in Tränen aus und lief aus dem Klassenzimmer. Als er zu Hause seinen Eltern davon berichtete, verbaten diese sich beim Lehrer ausdrücklich weitere Suggestivfragen und Ausforschungen dieser Art.

Mir selbst setzte die gesamte Debatte sehr zu. Ich blickte auf meine inzwischen verheilten, aber doch stark vernarbten Finger der rechten Hand. Irgendwie fühlte ich mich dem amputationsgeschädigten Lehrer einerseits und meinem Freund Ottomar mit der fehlenden Hand andererseits verwandt. War ich nicht letztlich der Dritte in ihrem Bunde? Nur von einem Bund konnte man ja nicht sprechen. Der Lehrer quälte und demütigte Ottomar, und ich hatte durch seine geduldige Behandlung so etwas wie Zutrauen zu ihm gefasst und spürte eine gewisse Dankbarkeit. Dies konnte aber Ottomar wiederum nicht verstehen und ich durfte solche Gefühle ihm gegenüber nicht zeigen.

Im Geheimen war ich schließlich überzeugt, dass Ottomar ihm das blutende Kaninchen vor seine Türschwelle gelegt hatte. Die abgeschnittene Pfote lag neben dem toten Tier und die Kehle war durchgetrennt. Ich war mir nicht sicher, ob ich meinen Freund für diese Tat bewundern sollte. Er hatte von der Diskriminierung und den Schmähungen einfach genug und wollte sie nicht mehr hinnehmen.

Dann kamen wieder Zweifel. Er hätte es doch gar nicht allein bewerkstelligen können, das Kaninchen zu packen und mit dem Messer … Ich wollte mir schon wieder nichts Weiteres vorstellen. Jedenfalls müsste er einen Helfer und Komplizen gehabt haben. Aber wer sollte das sein? Mit mir, seinem besten Freund, hatte er nie über solcherlei Pläne gesprochen.

Nach einiger Zeit wuchs Gras über diese Angelegenheit. Niemand konnte etwas aufklären. Wie bei dem Furz im Klassenzimmer konnte der Lehrer trotz seines unnachsichtigen und resoluten Auftretens keinen Erfolg erzielen, hatte selbst aber andererseits wieder an Ansehen und Respekt verloren.

24 SEIFENBLASEN

Als meine Kusine Beeke ihren 13. Geburtstag feiern wollte, lag ich schon seit ein paar Tagen mit einer Grippe im Bett. Das Fieber war zwar beinahe ganz zurückgegangen, aber meine Mutter befürchtete doch, dass ich noch zu schwach sei. Außerdem hatte ich zwei Tage die Schule nicht besucht. Was mache das für einen Eindruck, wenn ich jetzt zur Feier ginge?

„Nein, ich erlaube es nicht, dass du mit zur Feier gehst."

Ich jammerte und bettelte. Alle befreundeten Kinder würden da sein. Es würde Kuchen geben, Spiele, vielleicht wieder Luftballons wie im letzten Jahr. Schließlich musste ich meine ultimative Waffe einsetzen und trotz Verbots der Mutter meinen Vater anflehen und riskieren, dass es eine grundlegende Diskussion der Eltern über Fragen der Erziehung gab. „Einmal Nein ist Nein", sagte die Mutter. „Bei einer begründeten Ausnahme verliert man nicht sein Gesicht", sagte der Vater. Meine bittenden Augen taten ihr Übriges.

„Es bleibt so, wie deine Mutter es gesagt hat", hörte ich schließlich den Spruch des Vaters, mit strengem Gesicht vorgetragen, „du gehst nicht zur Feier, dafür bist du noch zu schwach." Er machte eine Pause. „Aber, na ja, du kannst zu Beeke *fahren*, wenn du einverstanden bist."

Noch wusste ich nicht, wie es jetzt gemeint war, aber ich nickte heftig und mein Gesicht strahlte.

Am Samstag nach der Schule stand dann der Leiterwagen, mit dem wir sonst das Brennholz aus dem Wald holten oder mal einen Getränkekasten vom Kaufmann nach Hause transportierten, vor unserem Haus. Meine Mutter hatte ihn mit Kissen ausstaffiert und eine Wolldecke darüber gelegt. Dann kam ich hinein. Noch eine Decke legte sie mir um und eine Wollmütze musste ich auch aufsetzen. Alles ließ ich geschehen, bis meine Mutter zufrieden war und der Zug eigentlich losgehen konnte.

Jetzt stand die alte Oma Johnke in der Haustür.

„Wartet, wartet", rief sie und sie kam aus der Wohnung mit einem buntbedruckten Stoffvolant in der Hand, einem langen Zierband, das sie um den oberen Rand des Leitergitters wand.

„Nun denn", sagte der Dahlhaus-Bauer, der sich auch sehen ließ, „dann wartet mal, ich hab da auch noch was."

Er ging ins Haus und brachte ein paar grün-weiße Fähnchen vom Schützenfest mit.

„Die werden auch noch dazu passen."

Als er sie am Wagen befestigt hatte, klatschten die Kinder in die Hände. Ich wurde rot vor Freude und hatte nur Mühe, das zu verbergen, damit meine Mutter es nicht für einen erneuten Fieberanfall hielt.

Der Zug ging los. Zwei zogen an der Deichsel, ein paar schoben von hinten. Meine Mutter kam mit dem Kinderwagen und meiner kleinen Schwester darin hinterher. Es wurde eine Triumpffahrt durch das Dorf. Unten an der Straße kam Frau Köster aus dem Kaufmannsladen und brachte mir einen Dauerlutscher.

„Das ist gut bei Halsweh", sagte sie, „da ist Honig drin", und lachte.

Bauer Toni stand an der Brücke und verteilte an die Kinder Äpfel.

„Aber lasst auch für Beeke noch einen übrig. Und sagt ihr einen herzlichen Glückwunsch."

Das ganze Dorf schien von diesem Festzug zu wissen.

Kurz vor dem Ehrenmal für die Kriegsgefallenen stand auch Wolf an der Straße und Ottomar rief ihn heran. Er war zwar zum Geburtstag nicht eingeladen, doch warum sollte er bei dieser Parade nicht dabei sein. Aber Wolf winkte ab. Er kaute auf einem Grashalm und ließ den Leiterwagen passieren.

Dann zogen wir in die Eichen ein. Von der Straße aus ging der Weg eine kleine Anhöhe hinauf, gesäumt von hohen Bäumen. Alle mussten schieben. Ich saß in meinem Wagen wie ein kleiner König. Am Ende des Weges befand sich das eingeschossige Haus, in das man wegen des Unterbaus noch eine Treppe zum Eingang hinaufgehen musste. Da oben stand Beeke, und mir war es natürlich recht, dass sie jetzt die Hauptperson war. Wir sangen ein Lied für sie: *Hoch soll sie leben.*

Tante Waltraut hatte alles vorbereitet. Vom Café Spratte hatte sie Eis besorgt und jeder bekam eine Kugel, sogar in einem original Waffelhörnchen. Vanille oder Schokolade nach Wahl.

Mir war so wohl zumute. Ich schloss die Augen und dachte nur: Wenn ich da nicht hätte dabei sein dürfen.

Beeke hatte ihre Haare zu einem Pferdeschwanz zusammengebunden. Sie sah sehr hübsch aus. Sie trug eine weiße Bluse und hatte für jeden ein nettes Wort und ein besonderes Lächeln. Ich saß immer noch in meinem Leiterwagen und himmelte meine Kusine an.

„Du darfst schon aussteigen", sagte dann die Tante, „nur renn nicht so wild herum. Das hat deine Mutter verboten."

Dann kam Onkel Herwart den Weg zum Haus heraufgefahren. In seinem Borgward Isabella. Alle standen wie elektrisiert und bestaunten diese Auffahrt und das blitzblanke, rot lackierte Auto.

Er parkte links vor dem Anbau mit dem Toilettenhäuschen, stieg schwungvoll aus, nahm vom Beifahrersitz ein in gestreiftes Geschenkpapier eingewickeltes Paket und überreichte es Beeke. Ihre Wangen erstrahlten immer mehr in einem aufgeregten Rot.

Als sie das Geschenk auspackte, kam ein Brettspiel zutage: *Fang den Hut.* Sie lief zu Herwart und umarmte ihn: „Danke, danke!"

Der Onkel steckte sich eine Zigarre an, stand noch ein paar Minuten auf dem Treppenpodest, paffte ein paar dicke Wolken und sah den Kindern zu.

Jetzt wurde Blindekuh gespielt. Mein Bruder Kurt als der Älteste leitete das Spiel. Er band einem ausgewählten Kind die Binde um die Augen. Die Blinde Kuh musste dann in den Kreis der Jungen und Mädchen treten, um sich tasten und eines der Kinder erwischen, dann durch Fühlen erraten, wer es wohl sein konnte.

Noch durfte ich nicht mitspielen und sollte mich schonen. Aber lange war das Verbot nicht mehr aufrechtzuerhalten.

Dann war ich endlich mitten drin in der wirbelnden Kinderschar.

Die Erwachsenen saßen im Wohnzimmer und tranken einen Aufgesetzten. Aber die Stimmung wollte nicht so richtig ausgelassen werden. Waltraut hatte mitgeteilt, dass Herwart in absehbarer Zeit befördert werden sollte. Dafür würde er versetzt zur Bezirksregierung in Arnsberg.

„Da gratulieren wir aber herzlich!", war die erste Reaktion der Gäste. „Da gibt es doch sicher auch eine schöne Gehaltserhöhung."

„Aber Arnsberg liegt mehr als sechzig Kilometer entfernt", sagte Waltraut kopfschüttelnd. „Wie soll das denn gehen?"

Zunächst sagte keiner ein Wort.

Dann räusperte sich Herwart kurz und sagte: „Es bleibt nichts anderes übrig: Wir werden umziehen nach Arnsberg. Ich habe mich schon umgesehen."

Waltraut stand auf und verließ das Zimmer. Sie ging so schnell, dass sie an der Tischkante hängen blieb und fast gestolpert wäre. Die anderen guckten verwirrt.

Mein Vater nahm die Flasche mit dem Aufgesetzten in die Hand: „Na, wer möchte noch ein Gläschen?" Herwart zog an seiner Zigarre und paffte dicke Rauchschwaden über den Wohnzimmertisch.

„Lieber Schwager", sagte meine Mutter, „du verpestest unsere Luft." Sie tat so, als wenn sie husten müsste.

„Komm, Suse, sei nicht so streng, möchtest du noch ein kleines, rotes Gläschen?", fragte mein Vater.

Von draußen gab es jetzt Kindergeschrei. Offenbar heulte irgendein Mädchen. Meine Mutter lief vor das Haus und sah, dass Inge mit einem aufgeschrappten Knie unten auf der Treppe saß. Sie eilte die Treppe hinunter und setzte sich neben sie.

„Ich weiß, das brennt, das brennt fürchterlich“, versuchte meine Mutter Inge zu beruhigen.

„Ich will sofort nach Hause“, sagte das Mädchen.

„Warte, Inge, warte, gleich wird es besser, wir legen einen nassen Lappen auf das Knie. Und gleich gibt es doch auch noch Buttercremetorte.“

Als wir anderen Kinder das hörten, waren wir begeistert. Alle liefen ins Haus. Sogar Inge.

Tante Waltraut kam von rechts um das Haus herum und setzte sich neben meine Mutter auf die Steinstufe.

„Er will, dass wir mitkommen, nach Arnsberg.“

„Natürlich, er ist dein Mann und du bist seine Frau.“

„Und du bist meine Schwester und du bleibst hier. Und meine Tochter ist hier geboren und hier steht ihr Elternhaus und sie geht hier zur Schule und sie hat hier ihre Freunde und ihre Verwandten. Und wir sollen jetzt einfach so nach Arnsberg gehen, weil ich ja diesen Mann geheiratet habe, aus gutem Grund, in eine fremde Stadt, wo wir niemanden kennen, und wir wohnen in einer Mietwohnung in der zweiten Etage. Aber es gibt ja angeblich sogar einen Balkon. Na, bitte schön, dann ist ja alles gut.“

„Immer bemitleidest du dich selbst“, sagte meine Mutter zu ihrer Schwester. „Was willst du eigentlich?“

„Ach, lass mich doch in Ruhe. Du verstehst das nicht. Du hast dein geordnetes Leben. Bei dir läuft alles in der rechten

Bahn. Dein Mann ist ja wiedergekommen aus dem Krieg. Sei glücklich, ja, das wünsch ich dir, sei du nur glücklich!“

Waltraut ging hinein. Sie wischte sich kurz über die Augen. Sie schnitt die Buttercremetorte an und die Kinder stürzten sich auf die Leckerei. Kaum konnte sie die Tortenstücke auf die Teller des Sammelservice legen.

Alle sangen noch einmal begeistert das Lied für Beeke, jetzt auch lautstark von den Erwachsenen unterstützt. Der Aufgesetzte tat sein Übriges. Nur Waltraut saß auf dem Lehnstuhl vor dem Küchenschrank und stützte ihren Kopf in die aufgestellte rechte Hand. Meine Mutter beobachtete sie von der Seite.

Herwart bot jetzt meinem Vater eine Zigarre an. Der griff sogar zu: „Na gut, mal ausnahmsweise. Danke dir, Schwager.“ Sie pafften nun gemeinsam dicken Rauch in die Wohnzimmerluft.

„Ich weiß nicht“, sagte Herwart, „aber die neue Aufgabe verlangt schon viel von mir. Mit dem ruhigen Lenz hier ist es dann vorbei. Die Verantwortung. Ein Fehler, eine falsche Einschätzung, das kann dich Kopf und Kragen kosten. Da sind die fix. Leicht wird das nicht. Aber ich tue es ja für Waltraut und das Kind. Und meine Isabella will ja auch bezahlt werden.“

Vater nickte. „Herwart, du wirst das schaffen. Die Zigarren rauchst du ja schon wie unser Wirtschaftsminister“, er lachte, „da wirst du auch den Erfolg wie Ludwig Erhardt haben.“

Sie tranken noch einen Aufgesetzten.

Beeke rief uns Kinder jetzt nach draußen.

„Kommt mit, kommt mit, es gibt Seifenblasen!“

Sie hatte eine kleine, bunte Aluminiumdose in der Hand, die mit einem Korken verschlossen war. Sie stand oben auf der Treppe vor dem Haus. An dem Korken des Behälters war eine kleine Stange mit einem federförmig gedrehten Blasering befestigt. Als sie ihn aus der Dose zog, blies sie ganz sanft durch den Ring und es entstanden leichte, schillernde, traumhaft schöne Blasen, changierend in Blau und Rot und Violett, die, mal größer, mal kleiner, mit einem Luftzug dahinwehten, eine Zeitlang blieben und zerplatzten oder noch ein bisschen weiter wehten und endlich doch sich auflösten und vergingen. Wir sahen staunend zu.

„Darf ich auch mal?", war ich dann der Erste, der Worte fand. Und Beeke gab mir den Seifenblasenbehälter in die Hand und es gelang mir schnell, die zerbrechlichen, unwirklichen Lichterblasen in den Wind und in die Welt zu schicken. Sie flogen über die Köpfe der Kinder hinweg, senkten sich, stiegen dann doch noch einmal auf und platzten in sich zusammen, bevor neue Blasen folgten. Ein leichtes Spiel, unwirklich und vergänglich.

25 DIE SUCHE

An der Theke standen fünf, sechs Männer und tranken ihr Feierabendbier. Plötzlich erschien Kaufmann Martin in der Wirtsstube von Volmerhaus. Er gehörte nicht zu den täglichen Gästen im Lokal. Deshalb zog er schnell die Aufmerksamkeit auf sich. Und dann bemerkte man sogleich, dass er aschfahl im Gesicht war. Er blieb kurz hinter der Eingangstür stehen und zitterte am ganzen Körper. Er sagte nichts.

„Was ist denn los, was ist mit dir?", wandte sich Frisör Fingerhut an ihn.

Auch die anderen blickten den Kaufmann fragend an.

„Der Jörg, mein Sohn“, sagte Martin, „nein, das darf nicht wahr sein.“

Der Wirt kam um die Theke herum: „Jetzt setz dich erst mal. Willst du einen Schnaps?“

„Mach mal das Radio aus“, sagte Fingerhut.

Alle blickten den Kaufmann fragend an. Jetzt war absolute Stille im Raum.

„Er ist weg. Er hat einen Abschiedsbrief geschrieben. Er will ins Wasser gehen. Ich fass es nicht.“

Die Thekengäste sagten erst einmal nichts. Man hatte gehört von Jörg und Irma. Na ja, er hatte sich in das ältere Kowolik-Mädchen aus den Baracken verliebt. Aber seine Mutter war strikt gegen eine solche Beziehung. Jeglichen Umgang hatte sie schließlich verboten.

„Ich sterbe bald an meinem Herzen. Und ich möchte nicht mehr erleben, dass du dich noch einmal mit diesem Flittchen triffst. Tu das deiner armen Mutter nicht an!“, soll Frau Martin gesagt haben.

Sollte sie nun ihren Willen bekommen?

Die Männer blickten an der Theke vor sich hin. Der Frisör behielt einen klaren Kopf. Er ergriff die Initiative.

„Einer geht jetzt zu den Baracken und sieht nach, ob Jörg bei den Kowoliks ist, ob Irma etwas weiß. Anschließend müssen wir suchen. Und wir brauchen noch ein paar mehr Leute. Wir treffen uns an der Schule.“

Mein Vater, Kurt und ich waren dann auch dabei. Herr Kowolik kam, er hatte nichts von Jörg gehört oder gesehen.

Er schien sehr bestürzt. Seine Tochter Irma saß weinend und völlig aufgelöst zu Hause bei ihrer Mutter.

Fingerhut organisierte alles.

Ein Trupp ging auf der linken Seite der Talsperre die Straße zur Brücke hinunter, ein anderer Teil sollte das Ufer auf der gegenüberliegenden Seite absuchen. Auch entlang der Straße Richtung Valbert sollte gesucht werden, weil man häufiger gesehen hatte, dass Jörg und Irma dort spazieren gegangen waren. Zu dieser Gruppe gehörten mein Vater, mein Bruder und ich.

Die Dämmerung hatte schon eingesetzt. Aber es herrschte Vollmond und ein fahles Licht schien über Wege, Felder und Wälder. Wir gingen ein Stück der Straße entlang.

„Will denn Jörg sich wirklich das Leben nehmen?“, fragte ich meinen Vater.

„Er hat es in einem Brief angekündigt. Wie ernst man das nehmen muss, kann ich nicht beurteilen. Aber er scheint verzweifelt zu sein. Wir müssen mit allem rechnen.“

Auf der Straße weiterzugehen, ergab nicht viel Sinn. Wir teilten unsere Gruppe auf. Vater, Kurt und ich gingen nach rechts hinüber, erst über eine Wiese, dann über einen Acker. Bald hatten wir Erdklumpen an unseren Füßen. Im Finsteren konnten wir kaum etwas sehen, nur den Rand des Tannenwaldes ganz rechts von uns. Vater meinte, Fußspuren im Acker zu entdecken.

„Jörg Martin, komm nach Hause“, schrie mein Vater über die Felder hinweg, „komm nach Hause, alles wird gut.“

Mir lief ein Schauer den Rücken herunter.

„Jörg, komm nach Hause“, rief mein Vater wieder laut in die Nacht, „das Leben geht weiter.“

Das war schon sehr unheimlich.

Ich dachte an Karoline. Wie wäre es, wenn sie plötzlich weg wäre? Das fände ich sicher schlimm, das wäre furchtbar. Aber würde ich mir das Leben nehmen wollen? Also muss Jörg die Irma noch mehr lieben? Wie groß kann denn die Liebe sein?

„Wie groß kann denn die Liebe sein?“, fragte ich meinen Vater.

„Was meinst du?“

„Na, wegen Jörg, er will sterben. Würdest du auch sterben wollen, wenn dir das mit Mutter passierte?“

Mein Vater antwortete nicht sogleich. Er blieb stehen und lauschte. Er hatte offensichtlich irgendetwas gehört.

„Nein, nein“, sagte er, „da war nichts.“

Kurt lief ein Stück voraus.

„Ach, Junge“, sagte Vater dann, „die Liebe kann unermesslich groß sein. Und wenn sie enttäuscht wird oder unerfüllt bleibt, kann das schon tragisch sein. Leicht kann man dann kopflos werden und verzweifeln.“

Er blieb stehen und seufzte.

„Aber ganz darf der Verstand nicht aussetzen. Komm, wir müssen weiter.“

Er rief wieder laut Jörgs Namen. Ein kleines Echo kam vom Waldrand aus zurück.

„Aber dass man sogar sterben will?“, fragte ich.

„Ja, du hast recht, sich selbst das Leben nehmen, nein, so verzweifelt sollte man nicht sein. Gott hat uns das Leben geschenkt. Und jeder Mensch hat einen, der ihn liebt. Und es gibt immer einen, für den man da sein sollte." Er strich mir über den Kopf.

Wir gingen weiter über den schlammigen Acker und ich fasste Vater an der Hand. Es war ja dunkel, es sah ja keiner.

„Lass uns umkehren", sagte Kurt schließlich, „das hat hier keinen Zweck mehr."

Am nächsten Morgen gab es immer noch kein Zeichen von Jörg. Bis zur Brücke war in der Nacht auf beiden Seiten das Ufer abgesucht worden. Man hatte mit Laternen im Schilf nachgesehen, zwischen den Ruderbooten und Kähnen, ja sogar unter den Brückenpfeilern. Auch unsere Suche Richtung Valbert war ergebnislos verlaufen.

Herr und Frau Martin weigerten sich mit den Kowoliks zu sprechen. „Von denen kommt das Unglück." Ihr Kaufmannsladen blieb geschlossen.

Jemand schlug vor, mit Booten hinauszufahren. Aber gleich wurde auch wieder dagegengeredet.

„Eine Wasserleiche schwimmt nicht oben, erst nach drei Tagen taucht sie wieder auf."

„Nein, erst nach sieben Tagen", wusste ein anderer es besser.

In der Schule gab uns der Lehrer eine Abschreibübung auf.

„Aber bitte in Schönschrift!", sagte er. Er saß vorne am Katheder und grübelte.

Wolf lief in der Pause hin und her.

„Meine Schwester kann doch nichts dafür. Meine Mutter hat ihr verboten, die Wohnung zu verlassen. Mein Vater hat heute Spätschicht. Gut, dass der ein wenig für Ruhe sorgen kann."

Den ganzen Tag über schien das Dorf den Atem anzuhalten. Kaum jemand war auf der Straße zu sehen. Bei Martin wurden nicht einmal die Vorhänge vor den Fenstern aufgezogen.

Abends im Bett konnte ich nicht einschlafen. Ich wusste ja schon, dass es den Tod gab. Tante Mariechen aber war schon sehr alt gewesen. Beekes Vater war irgendwo in Russland gestorben und ich hatte ihn nicht einmal gekannt. Und jetzt Jörg! Er war doch kaum mehr als doppelt so alt wie ich. Alle Nachtmahre holten mich wieder ein. Da war die blutige Kaninchenpfote, der garstige Mann vom Kettenkarussell, der Jäger mit seinem Schweißhund, Vater in dem dunklen Zimmer, meine zerschnittenen Finger und vor allem Ottomars zerschundene Hand.

Als ich aufwachte, schien die Sonne freundlich durch das Fenster. Ich ging verschlafen in die Küche. Meine Mutter hatte das Frühstück schon bereitet. Sie hatte sogar ein Ei gekocht. Vater winkte mich herein. Ich blickte verwundert.

„Es gibt eine gute Nachricht“, sagte sie, „Jörg ist wieder da. Er lebt.“

Ich sah sie ungläubig an.

„Ja“, sagte Vater, „der Jäger hat ihn heute ganz früh gefunden, oder vielmehr sein Hund.“

Was alles fiel da von mir ab! Am liebsten hätte ich Vater und Mutter gleichzeitig umarmt.

„Er lag apathisch im Schuppen am Bach. Stell dir vor, gar nicht weit weg. Da hat niemand gesucht. Er war ganz kalt und entkräftet. Zwei Tage hat er nichts gegessen, nur vielleicht mal Wasser aus dem Bach getrunken, nur geweint. Er war gar nicht richtig bei sich. Den Kopf hat er sich aufgeschlagen. Der Hund hat den Jäger zu ihm geführt.“

Ich mochte mein Brot nicht essen, das Ei schon gar nicht. Aber ich war doch froh. „Ob jetzt die Liebe siegt?“, fragte ich.

„Hauptsache, er lebt“, sagte Vater.

„Nein“, sagte ich, „er muss bei Irma sein.“

26 HEIDI UND PETER

Die Tür, auf deren Trittbrett noch vor nicht allzu langer Zeit die blutige Pfote gelegen hatte, war jetzt mit einer Girlande aus frischem Tannengrün geschmückt. Vor dem Haus waren ein paar Holztische und Bänke aufgestellt. Kalte Ente stand in Glaskrügen bereit, ein Getränk aus Mineralwasser, Weißwein, Zitronensaft und Eiswürfeln. Dazu waren Käseigel vorbereitet, kleine Spieße mit Holländer Käse und Weintrauben.

Der Lehrer heiratete wieder. Wir Kinder wussten gar nicht, dass er früher mal eine andere Frau gehabt hatte. Sie war vor sieben Jahren an einer Herzkrankheit gestorben, kurz nachdem ihr Mann aus der russischen Kriegsgefangenschaft heimgekehrt war.

Die neue Frau sollte eine Bibliothekarin aus Filderstadt südlich von Stuttgart sein. Vater erklärte uns, was eine Bibliothekarin ist. Dass sie aus Schwaben war, schien ihm auch bedenklich.

„Ich will keine Vorurteile haben, aber eine Schwäbin hier im Sauerland, na, ich weiß nicht. Die sprechen sehr merkwürdig.“

Lehrer Krusemann bat meinen Onkel Herwart, sie gemeinsam vom Bahnhof Attendorn aus mit seinem Borgward abzuholen. Auf keinen Fall sollte sie sich bei ihrem ersten Eintreffen Hunswinkel von Meinerzhagen aus nähern. Er befürchtete, dass ihr der Steinbruch und der Brecher in Berlinghausen, die graue und staubige und ohrenbetäubend laute Anlage, die sogar die Straße überbrückte, den Geschmack an unserem doch sonst idyllischen Sauerländer Plätzchen vermiesen würde.

Herr Krusemann trat auf in einem schwarzen Anzug mit einer leuchtend blauen Krawatte. Aber es sah ziemlich albern aus, wie der schon nicht mehr junge Lehrer, dazu gehandikapt durch ein Holzbein, seine neue Frau über die Schwelle ins Haus hob. Fast wäre er gestolpert.

Lehrer Krusemann sagte ein paar Worte. Er bemühte sich, etwas einigermaßen Besonderes in unserem ländlichen und bäuerlichen Umfeld herauszustellen. Man hörte ihm geduldig zu, wartete aber auf Kalte Ente und Käseigel.

„Hier im Sauerland, einer Mittelgebirgsregion in Westfalen, haben wir unsere Heimat. Und wir haben mehr zu bieten als grüne Wiesen und Wälder, herrliche Seen und Berge. Zahlreiche Schlösser und Burgen geben Zeugnis von der Bedeutung unseres Landstriches vom Mittelalter an. Denken wir nur an die tausend Jahre alte Waldenburg, hier bei uns in der Nähe in Attendorn, wo du, liebe Eleonore, mit dem Zug angekommen bist. Und vor fast 50 Jahren richtete Richard Schirrmann auf einer der Burgen, in Altena, die erste Jugendherberge der Welt ein. Diese Idee ging dann aus dem Sauerland bis in alle Welt."

Er kannte seine neue Frau schon aus Zeiten seines Studiums an der Hochschule für Lehrerbildung in Weilburg an der Lahn. Das war etliche Jahre vor dem Krieg gewesen. Bei gemeinsamen studentischen Wanderungen durch den Taunus oder den Westerwald waren sie sich nähergekommen, ohne dass eine engere Beziehung entstanden war. Dann hatten sie sich aus den Augen verloren, bis sie ein zufälliges Treffen wieder zusammengeführt hatte. Sie hieß mit Vornamen Eleonore, aber nicht nur wir Kinder, sondern auch alle Erwachsenen im Dorf sagten nur Frau Krusemann zu ihr. Sie war eine Frau, die man nicht einfach mit dem Vornamen anreden konnte. Sie war groß gewachsen, hatte ein freundliches Gesicht, aber sie machte einen zurückhaltenden und kühlen Eindruck. Die Augen blickten aufmerksam in alle Richtungen und auf jedes Geschehen. Es schien so, als entginge ihr nichts. Auf ihren Lippen trug sie ein leichtes Rot von einem Lippenstift. Zumindest das war im Dorf recht ungewöhnlich.

Morgens, wenn ihr neuer Mann in der Schule war, ging sie häufig mit einer Umhängetasche los, wanderte hinüber auf die andere Seite der Talsperre und setzte sich auf die Bank, die der Sauerländische Gebirgsverein dort vor zwei Jahren aufgebaut hatte. Bauer Toni berichtete, dass er sie dort mehrmals beobachtet habe.

Sie blickte über den Stausee hinweg, genoss das weite Panorama und die frische Luft, zog dann ein Buch aus der Tasche und vertiefte sich ins Lesen, kaum dass eine blökende Kuh oder ein böiger Windstoß es vermocht hätten, sie von ihrer Lektüre aufzuschrecken.

Sie las einen Roman von Heinrich Böll: *Das Brot der frühen Jahre,* oder von Ernest Hemingway: *Der alte Mann und das Meer.* Ihr Mann, der sie nach ihrer Lektüre fragte, konnte mit den Autoren und den Titeln wenig anfangen. Die moderne Literatur interessierte ihn nicht. Und er fragte auch nicht weiter nach, denn seine Absicht war es nur, ein allgemeines Interesse an ihrer Beschäftigung zu bekunden, ohne eine inhaltliche Auseinandersetzung führen zu wollen.

Der Lehrer liebte Ludwig Uhland, vor allem wegen seines Gedichtes *Ich hatt' einen Kameraden,* oder die Novellen von Theodor Storm.

Mein Vater versuchte, Frau Krusemann gegenüber ein wenig Aufmerksamkeit zu zeigen. Wahrscheinlich imponierte ihm diese Frau. Nachdem Onkel Arnold nicht mehr zu Besuch kam, brachte sie jetzt ein wenig städtisches Flair ins Dorf.

„Ist es nicht schön hier bei uns? Wie fühlen Sie sich denn auf dem Dorf?“, fragte er, als er sie abends vor dem Haus traf. Er wollte einfach etwas Aufmunterndes zu der neuen Mitbewohnerin sagen.

„Wissen Sie, die ländliche Idylle legt sich schnell einschmeichelnd und besänftigend auf ein beunruhigtes und reizüberflutetes städtisches Gemüt, das ist nicht von der Hand zu weisen. Aber so abgeschieden es hier in diesem verborgenen Winkel der Welt auch zu sein scheint, ganz können wir der Wirklichkeit nicht entfliehen.“

Mein Vater sah sie fragend an.

„Ja, ich mache mir Sorgen um das momentane politische Weltgeschehen. Der ungarische Volksaufstand gegen die kommunistische Partei und die sowjetische Besatzungsmacht, die Suezkrise und der geplante Sturz des ägyptischen Präsidenten Nasser, all das dürfte Ihnen doch auch hier in dem entlegensten Winkel des Sauerlands nicht völlig verborgen bleiben. Und in Wien wird zum ersten Mal nach dem Zweiten Weltkrieg mit allem Pomp wieder der Opernball gefeiert! Ist das nicht absurd?“

Sie traf meinen Vater völlig unvorbereitet. Mit einer solchen Antwort hatte er nicht gerechnet. Mit leichtem Geplauder kam man dieser Frau nicht bei.

„Sie haben natürlich recht“, sagte er nach einer Weile, „Ungarn und Ägypten, ja, da wird auch Politik gemacht. Entschuldigen Sie bitte, ich denke jetzt eher an meine Familie. Und an die Leute hier im Dorf. Und wir arbeiten an einem neuen

Fahrplan der Verkehrsgemeinschaft." Er lachte ein wenig gekünstelt. „Da sind Sie ja noch ein bisschen außen vor."

„Verstehen Sie mich nicht falsch, guter Mann", antwortete sie, „ich möchte nicht überheblich klingen, aber Sie haben recht, ich bin noch nicht so ganz eingetaucht in ihre Sauerländer Welt."

Es entstand eine kleine Pause.

„Aber ich werde mir Mühe geben", sagte sie dann und lächelte.

Mein Vater fühlte sich ein bisschen gedemütigt. Er sah die neue Frau im Dorf an, mit Kalter Ente eingeführt und mit rotem Lippenstift versehen, und er hatte Respekt vor ihr.

„Ich weiß nicht, ob Sie uns hier gefehlt haben", sagte er dann ganz ehrlich, „aber schaden werden Sie uns sicher nicht."

Frau Krusemann lachte und berührte meinen Vater an der Schulter: „Danke, ich glaube, ich werde Sie mögen."

Der Lehrer zeigte sich erfreut über seine neue Frau. Er lebte merklich auf. Sie war elegant und beeindruckend und gebildet. Ob sie das nächste Schützenfest schadlos überstehen würde, darüber machte er sich zunächst keine Gedanken.

Frau Krusemann gründete im Dorf einen Leseklub für Kinder. Sie kam zu ihrem Mann in den Unterricht und stellte in der Schule ihre Initiative vor.

„Es gibt sehr schöne Bücher, die nur für Kinder geschrieben sind. Großartige Abenteuer, ergreifende Schicksale und Berichte von Reisen in ferne, fremde Länder. Wir können sie gemeinsam lesen und dann darüber sprechen. Wir können eintauchen in eine neue, unbekannte Welt. Ihr werdet bestimmt begeistert sein."

Die Kinder blickten ob dieses Angebots eher skeptisch. Und Frau Krusemanns Aussprache, na, das war schon recht ungewöhnlich, obwohl sie sich offensichtlich Mühe gab. Doch dann sagte sie: „Wir treffen uns *em drui.*“ Was sollte das jetzt heißen?

Karoline war interessiert. „Kommst du denn auch?“, fragte sie mich. Ich atmete tief, war sofort dabei.

Beim ersten Treffen war ich natürlich um *Punkt drei* da. Meine Mutter hatte mich losgeschickt. Außer mir erschienen noch zwei andere Kinder. Ich wartete gespannt. Und da, zu meiner großen Freude, erschien auch Karoline. Sie kam gemeinsam mit Frau Krusemann herein.

Die Frau des Lehrers hatte ein Buch mitgebracht, das von einem Waisenmädchen namens Heidi handelt. Es lebt bei ihrem Großvater in den Bergen und lernt den Geissenpeter kennen, der die Ziegen hüten muss. Aber Heidi hat ein Manko: Sie kann nicht lesen.

„Na, das habt ihr der Heidi voraus“, sagte Frau Krusemann, „ihr könnt ja lesen. Und wir machen es jetzt so, jeder liest eine Seite, das Buch geht reihum.“

Beim zweiten Treffen waren wir nur noch zu dritt. Die Lehrersgattin hatte sich Zuwachs erhofft, stattdessen war ein Kind schon wieder abgesprungen. Mich störte das aber nicht, denn Karoline war noch dabei. Wir lasen weiter in dem Buch. Ich war besonders gefesselt von den Stellen, an denen es um die Freundschaft von Heidi und dem Geissenpeter ging.

Aber Frau Krusemann gab zu schnell auf. Weil es ihr nicht gelang, mehr Kinder für ihren Leseklub zu begeistern, war sie sehr frustriert und stellte die Treffen wieder ein.

Ich protestierte, denn ich wollte wissen, wie es mit Heidi und Peter weiterging.

„Bei aller Enttäuschung freue ich mich doch, dass du an diesem Buch Gefallen gefunden hast. Das ist zumindest ein kleiner, punktueller Erfolg, wenngleich mich dieses allgemeine Desinteresse verwundert. Liegt es denn an dem negativen Beispiel der Erwachsenen, wenn die Schulkinder sich schon weigern, auch nur ein wenig in der Welt der Literatur zu schnuppern?"

Ich verstand kaum, was sie meinte. Aber sie gab mir das Buch: „Lies und behalte es, solange du willst."

Ich traf mich in den Sommerferien mit Karoline. Wir saßen am Steinbruch im Schatten auf einem großen Felsbrocken. Hier war es ziemlich kühl und ich legte meine Hände unter die nackten Beine, die aus der kurzen Lederhose guckten. Karoline zog ihren Rock über die Knie und wir lasen: Der Geissenpeter hatte eine blinde Großmutter, der Großvater von Heidi war der Alpöhi, uralt und mit langem, grauem Bart. Heidi lernte lesen und sie überzeugte auch den Peter, lesen zu lernen.

Karoline las immer sehr leise vor, wenn sie dran war, aber bei ihr ging es flüssiger als bei mir. Wenn sie las, sah ich nicht ins Buch, sondern blickte sie von der Seite an. Einmal legte ich ihr sogar meinen Arm um die Schulter. Sie war so eifrig ins Lesen vertieft, dass sie es gar nicht bemerkte. Oder doch?

Diese Lesetreffen machten mich glücklich.

27 DREIMAL UNGLÜCK

Die Flammen schlugen hoch in den Himmel, signalrot, feuergelb und züngelnd bis ins Violett. Ein schwarzer Rauchpilz, deutlich dunkler als der Nachthimmel, gesprenkelt mit roten Funken und glühenden Spritzern stand über der fernen Szene. Selbst hier von der Uferstraße am Rand des Dorfes aus konnte man deutlich nachempfinden, welches Inferno sich dort drüben auf der anderen Seite der Sperre abspielen musste.

Die Sirene auf dem Schulgebäude hatte um 23:10 Uhr das ganze Dorf aufgeschreckt. Ich zog eine Strickjacke über den Schlafanzug und lief mit nackten Füßen aus dem Haus. Die Mitglieder der freiwilligen Feuerwehr griffen nach Jacke und Helm, eilten umgehend zum Spritzenhaus und machten das Fahrzeug bereit. Von Bauer Tonis Trecker gezogen, machte sich der Spritzenwagen umgehend auf den Weg die Sperre hinunter, über die Brücke und rüber zum fast schon aussichslos vom Feuer ergriffenen Brandherd. Wir anderen Dorfbewohner standen unten an der Straße und blickten über die Talsperre hinüber zum Gut Kalberschnacke, wo die höllischen Flammen sich alles erbarmungslos einverleibten.

„Die Scheune und der Stall“, riefen einige, „und auch der kleine Tannenwald dahinter hat schon Feuer gefangen.“

Flammen und Funken stoben in die Nacht. Was man gerade noch erreichen konnte, war, das Übergreifen der Flammen auf das Haupthaus zu verhindern. Der Wind stand günstig und trieb das Feuer vom Haus weg. Trotzdem war die Hitze infernalisch. Zum Glück stand wegen der unmittelbaren Lage an der Sperre genügend Löschwasser zur Verfügung. Aber die Scheune war nicht mehr zu retten. Man musste versuchen, sie möglichst kontrolliert ausbrennen zu lassen. Das Vieh hatte man gerade noch rechtzeitig aus dem Stall holen können und unter wildem Gemuhe und halsbrecherischen Sprüngen der verängstigten Tiere auf die nahe Uferwiese getrieben.

Eine Wache wurde schließlich aufgestellt und der Rest der tapferen Feuerbekämpfer versammelte sich nach mehr als drei anstrengenden Stunden im Schankraum der Gaststätte Kalberschnacke. Der Inhaber stand zu dieser ungewöhnlichen Zeit sprachlos und kopfschüttelnd hinter dem Tresen und lud zu ein paar Runden ein. Ein, zwei Helle wurden gegen den Brand in den Kehlen getrunken, aber dann gab es fast nur noch Schnaps. Die harten Kerle brauchten ein hartes Getränk. Sie saßen jetzt in der Nacht erschöpft auf ihren Stühlen. Die Gesichter waren rußverschmiert, die Arme hingen schlapp hinunter.

Was die Ursache des Brandes gewesen war, wurde jetzt noch nicht diskutiert. Nur wenige leichte Rauchvergiftungen waren zu verzeichnen, das Vieh war gerettet, das Wohnhaus vor den Flammen bewahrt worden.

Zwei Tage später wurde das ausgebrannte Gebäude von Polizist Körbler gemeinsam mit dem Oberbrandmeister aus Meinerzhagen begutachtet. Wenngleich man keine sichere Aussage machen konnte, ging man doch von einem Defekt in einer elektrischen Leitung als Brandursache aus. Für eine mutwillige Brandstiftung gab es jedenfalls keine Anzeichen.

„Eine Katastrophe kommt nie allein. Es sind immer gleich drei", sagte die alte Oma Johnke. Was mich betraf, hatte sie recht. Das zweite große Unglück begann drei Tage nach dem Feuer in der Kalberschnacke.

Meine Mutter, Ottomar, mein Bruder Kurt und ich waren mit dem Leiterwagen die Lister hinauf unterwegs, um Holz zu sammeln. Es war ein ziemlich bedeckter Tag. Die Sonne kam kaum einmal hinter den Wolken hervor. Aber es war schon seit mehreren Tagen trocken geblieben. Ottomar zog den Wagen, wir anderen sammelten alles ein, was wir an trockenen Zweigen und kleineren Ästen finden konnten, und packten es darauf. Auch Tannenzapfen waren gefragt. Meine Mutter lobte Ottomar.

„Du bist so kräftig, dass du sogar mit nur einer Hand den Wagen besser ziehen kannst als die anderen." Ottomar machte ein zufriedenes Gesicht.

Mir ging es nicht so gut. Schon seit dem Aufstehen am Morgen hatte ich Probleme. Ich hatte Schwierigkeiten, in die Hose zu kommen. Mir tat mehr und mehr die rechte Seite weh. Schon zur Schule hatte ich mich hingeschleppt. Nun konnte ich mich kaum noch bücken und hielt mir den Bauch vor Schmerzen. Ich ging nur noch gekrümmt neben dem Wagen her. Das rechte Bein konnte ich so gut wie gar nicht mehr anheben.

„Der ist nur zu faul zum Sammeln", schimpfte Kurt.

Die Einwände meines Bruders beachtete ich gar nicht.

„Mir wird schlecht", sagte ich zur Mutter.

Ich ließ mich einfach auf einen Baumstumpf sinken.

Sie fühlte mir die Stirn.

„Komm, steig nur auf den Wagen. Wir machen Schluss für heute. Ab geht's nach Hause."

Damit waren auch die anderen einverstanden, obwohl Kurt jetzt beim Ziehen helfen musste.

Wir kamen am Haus vom Doktor vorbei und Mutter lief hinein. Dann ging alles ganz schnell.

„Schmerzen im rechten Unterbauch, schon seit dem frühen Morgen, Übelkeit, erhöhte Temperatur und beschleunigter Puls."

Der Doktor machte ein besorgtes Gesicht und holte sein Auto aus dem Schuppen.

„Wir sollten sofort ins Krankenhaus fahren."

Meine Mutter unterstützte die Entscheidung des Doktors.

„Wir bringen ihn nach Attendorn. Ottomar, du ziehst den Wagen nach Hause. Kurt begleitet mich und den Doktor."

Mein Bruder war ganz außer sich, weil er mit im Auto des Doktors fahren durfte. Er strahlte. Mir war so hundeübel, dass ich mich krümmte und alles geschehen ließ.

Im Krankenhaus konnte man durch eine sofortige Blinddarmoperation einen drohenden Durchbruch und eine Bauchfellentzündung, eine Peritonitis, wie die Ärzte sagten, wohl gerade noch verhindern.

Von der Operation bekam ich nichts mit. Nicht einmal bis zehn habe ich gezählt, dann bin ich schon in der Narkose versunken.

Ich fand mich wieder in einem Zimmer mit zwei anderen Kinderpatienten. Mein Bett stand ihnen gegenüber an der anderen Wand. Die Schwester kam und stellte mir eine Schnabeltasse mit Tee auf das Bettschränkchen. Dazu legte sie auf ein Tellerchen zwei Zwiebäcke. Sie hatte ein dickes, rundes Gesicht und trug eine weiße Haube auf dem Kopf, unter der das blonde Haar fast ganz versteckt war. Sie beugte sich zu mir herab und kam mit ihrem Gesicht dem meinen ganz nahe. Für einen bangen Moment befürchtete ich, sie wolle mir einen Kuss geben.

„Mehr darfst du heute nicht bekommen", sagte sie, „aber bald gibt es wieder ein großes Glas Milch und eine dicke Leberwurstschnitte."

Mir wurde eher schlecht bei dem Gedanken.

Die beiden anderen Jungen im Zimmer lachten und tollten herum. Ich schlummerte noch. Ich war schlapp und schläfrig. Die Bettdecke war ein wenig rauh und viel schwerer, als ich es von zu Hause gewohnt war. Das Bett durfte ich nicht verlassen, aber dazu verspürte ich eh nicht das geringste Verlangen.

Am frühen Nachmittag trank ich ein wenig von meinem Tee. Eine komische Brühe; dazu noch kalt. Ich konnte kaum erkennen, was das sein sollte, Kamillentee oder doch Pfefferminztee?

Den ganzen Nachmittag über bis zum Abend dämmerte ich dahin, mal schlief ich, mal blickte ich dumpf im Zimmer umher. Gerade noch bekam ich die Namen der beiden anderen Patienten mit: Ulrich und Norbert.

Meinen Tee hatte ich längst ausgetrunken. Da ich fast den ganzen Tag über in Schlaf und Halbschlaf verbracht hatte, lag ich jetzt wach im Bett. Die beiden Jungen in ihren Betten an der gegenüberliegenden Zimmerwand schliefen schon tief und fest. Sie waren offensichtlich den Tag über genügend aktiv gewesen. Ulrich, der links lag, schnorchelte sogar ein wenig.

Sehr gern hätte ich noch etwas getrunken. Warum hatte mir die Schwester nur eine Tasse Tee zugestanden? Das war ziemlich ungerecht. Jetzt dachte ich, ich hätte mich dafür sogar von ihr küssen lassen. Ich drehte mich ein wenig im Bett. Der Bauch schmerzte. Ich sah zur Decke. Durch das Fenster kam von schräg unten ein Lichtstrahl und beleuchtete den hinteren Bereich bis kurz über der Tür. Der Lichtstrahl schwankte ein wenig hin und her, wurde mal heller und dunkelte wieder ab. Merkwürdige Schemen und Figuren bildeten sich an der Decke. Das sah aus wie eine Palme, deren Wedel im Wind flattern. Ich sah einen großen Kopf von einem alten Mann, dessen Bart sich langsam hob und wieder senkte. Dann wieder sah ich Wellen und Wogen, die sich überschlugen und zerliefen. Gab es denn hier ein Meer?

Mein Durst wurde immer unerträglicher. Mein Mund war völlig ausgetrocknet. Meine Zunge schien nichts als ein trockener Lappen zu sein. Ich drehte mich etwas auf die Seite und überprüfte noch einmal den Inhalt meiner Schnabeltasse. Leer.

An der Decke fuhren jetzt die Tommys mit einem Panzer entlang. Aber es geschah lautlos. Nein, nein, ich hatte nichts zu befürchten. Der Neger war auf meiner Seite. Er hatte mich nicht geschlagen, sondern er hatte mir einen Penny geschenkt. Er hatte mich hoch auf den Wagen gehoben. Sie hatten alle für mich gesungen.

Ich überwand meinen Schmerz im Bauch, schob die Decke zurück, wand mich aus dem Bett und stellte mich vorsichtig auf die Beine. Zu Ulrich oder zu Norbert?

Vielleicht schlief Ulrich fester. Ich ging schleppend die vier, fünf Schritte zu seinem Bett hinüber, fasste seine Tasse, sie war fast noch voll, ich setzte sie an meinen Mund und trank. Es fühlte sich zunächst an wie eine Erlösung.

Schnell lag ich wieder in meinem Bett.

Von draußen hörte ich ein starkes Rauschen. Ein Baum vor dem Fenster musste die Licht- und Schattenspiele verursachen. Nun blies ein starker Wind hinein. Das Deckenpanorama wechselte in Sekundenschnelle. Da war ein gruseliger Bär, da eine Hand, die über einen Lockenkopf strich. Ein riesiger Kussmund erschien bedrohlich über mir.

Schon jetzt überfielen mich starke Gewissensbisse. Ich hatte Ulrichs Tee ausgetrunken. Wahrscheinlich hatte er sich sein Getränk besser eingeteilt als ich, und nun hatte ich ihn beraubt. Sein Durst, wenn er in der Nacht aufwachte, war vielleicht unendlich stärker als meiner. Ich fühlte mich so niederträchtig. Ich überlegte noch, ob ich von Norberts Tasse die Hälfte in Ulrichs Tasse schütten sollte, aber über diesen Gedanken schlief ich endlich ein.

Ich wachte auf, als die Schwester mit dem Frühstück kam. Es war hell im Zimmer, durch das Fenster schien eine wohlmeinende Sonne. Alle drei bekamen wir Stuten mit Marmelade und Früchtetee, soviel wir wollten. Nachtmahre hinweg mit euch! Die Schwester sah eigentlich ganz nett aus. Keiner der beiden Jungen machte mir einen Vorwurf. Noch drei Tage hatte ich Zeit, mich mit Norbert und Ulrich anzufreunden, dann wurde ich aus dem Krankenhaus entlassen.

Mein erster Tag wieder in der Schule. Die Katastrophe. Das Unglück. Oma Johnke hatte recht!

Wir nahmen die Rechenhefte heraus. Multiplikation. Na, es gab Schlimmeres. Auch wenn ich ein paar Tage gefehlt hatte, das würde mir nicht schwerfallen. Da ergriff der Lehrer das Wort.

„Wie ihr seht, ist Heiner wieder bei uns. Ein wenig amputiert, aber an einer Stelle, die nicht sonderlich ins Auge fällt.“ Er machte eine kleine Pause. „Ein Blinddarm mehr oder weniger, was macht das schon? Sollen wir ihn deshalb nicht mehr als vollwertiges Mitglied unserer Schulgemeinde akzeptieren?“

Ich fand die Äußerungen des Lehrers nicht sehr passend, und auch kein anderer der Schüler wusste, ob das ein Scherz des Lehrers sein sollte. Jedenfalls lachte keiner.

„Andererseits haben wir auch einen Abgang zu verzeichnen. Ob das ein Schaden ist? Na, ich weiß es nicht.“

Er machte wieder eine Pause. Wir sahen gespannt nach vorne.

„Karoline und ihre Mutter haben eine Unterkunft in Niedersachsen gefunden. Dort wohnt schon ein Onkel von Karoline. Sie haben gestern ihre Siebensachen gepackt und die Baracken auf Nimmerwiedersehen verlassen. Nach Osnabrück, na, dort passen sie sicher besser hin als hier zu uns ins Dorf. Weg mit Schaden. Die dritte Klasse hat jetzt jedenfalls eine Schülerin weniger."

Ich schloss die Augen. Hatte ich das richtig verstanden? Ich stubste Ottomar, der neben mir saß, heftig in die Seite. Ich sah ihn an. Der hob nichtswissend die rechte Hand. In meinem Kopf gab es eine Detonation.

„Herr Lehrer", stieß ich hervor.

„Ja, Junge, was ist?"

„Karoline", sagte ich, „ich meine …"

„Ja, was meinst du? Drück dich klarer aus. Sie haben dir doch im Krankenhaus nicht das Gehirn amputiert."

„Sie ist nicht mehr da? Für immer?"

„Das hast du also begriffen. Hat ja lange genug gedauert. Dann kommen wir jetzt also zu den Multiplikationsaufgaben."

Auf dem Nachhauseweg weinte ich noch immer. Im Kopf pochte es, im Herzen brannte es. Was sollte ohne Karoline aus meinem Leben werden? Wen sollte ich auf dem Schulhof denn jetzt ansehen? Von wem sollte ich träumen? Wir hatten uns noch nicht einmal verabschieden können.

„Wir bekommen jetzt ein Zimmer dazu", sagte Wolf. „Meine großen Schwestern können in das Zimmer von Karoline und ihrer Mutter ziehen."

Ich hörte nicht zu. Das wollte ich nicht hören. Ich hockte mich hin und schluchzte. Es hatte keinen Sinn mehr, einfach weiterzugehen. Ottomar hatte verstanden, was los war. Er blieb stehen und legte seinen Arm um mich.

„Komm, hör auf. Ich weiß ja, sie war deine Geliebte. Ich hab ja alles gesehen damals. Ich versteh dich. Wenn jetzt die Inge, na, du weißt schon, ich wäre sicher auch völlig fertig."

Irgendwie half es, dass Ottomar das gesagt hatte. Sie war meine Geliebte! Ich hätte mich nie getraut, das auszusprechen. Aber es hörte sich gut an.

Ich sah ihn an: „Es tut so weh."

„Wir sind deine Freunde, wir bleiben hier", sagte Wolf.

„Und der Lehrer, dieser gemeine Lehrer! Der hat sich noch gefreut, dass sie weg ist", brach es jetzt aus mir heraus. Ich war plötzlich wie befreit. „Das vergess ich dem nie!"

Ich erhob mich. Wir gingen weiter. Keiner sprach.

„Wenn ihr dem", sagte ich nach einer Weile, „wenn ihr dem noch mal ne Blutpfote auf die Schwelle legt, dann bin ich dabei."

Jetzt blieben Ottomar und Wolf abrupt stehen. Sie sahen mich verwundert und misstrauisch an.

„He, was sagst du da? Was weißt du?"

„Nichts, ich weiß nichts. Aber sagt mir Bescheid. Ich hab's jetzt kapiert. Beim nächsten Mal bin ich dabei."

Die beiden nickten nur.

28 SONNE UND MOND

Jörg arbeitete bei einem Klempner in Valbert. Morgens um halb sieben machte er sich auf der Mittellandstraße mit seinem Fahrrad auf den Weg, um pünktlich zu Arbeitsbeginn da zu sein. Er musste mit seinem Meister Eisen- oder Kupferbleche schneiden, um damit Dächer und Fassaden zu verkleiden, oder Regenrinnen montieren. Manchmal war auch ein Schornstein zu bearbeiten. Dann saß er zum Frühstück gern ganz oben über allem, blickte über Bäume und Wälder und Felder und begann zu träumen. Immer dachte er an Irma, an ihr lebhaftes Lachen, an ihre dunklen Locken, an ihre helle Stimme. Wenn sie seine Hand nahm, war er im Himmel. Fast vergaß er, in sein Butterbrot zu beißen.

Die Arbeit machte ihm Spaß, doch vor vier oder fünf Uhr nachmittags konnte er nicht wieder zu Hause sein. Er war dann meist hundemüde, aß von dem Eintopf oder der Suppe, die seine Mutter ihm aufwärmte, und legte sich in der Stube ein wenig auf das Sofa. Oftmals musste er aber auch noch im Laden helfen. Die Probleme der Mutter mit dem Herzen waren immer stärker geworden und sie konnte Belastungen kaum noch ertragen.

Irma hatte mit viel Mühe eine Stelle als Kellnerin in der Bahnhofsgaststätte in Krummenerl gefunden. Hier endete die Eisenbahn aus Richtung Meinerzhagen. Ursprünglich sollte die Linie über Olpe bis nach Kreuztal gebaut werden. Aber dann kam der Krieg und anschließend hatte niemand mehr Geld für dieses Vorhaben. Seit mehr als einem Jahr gab es sogar keinen Personenverkehr mehr auf dieser Strecke. Ein paar Güterzüge fuhren noch.

Die Gaststätte blieb zunächst bestehen. Nach Feierabend kamen ein paar Arbeiter aus den Steinbrüchen und tranken ihr Bier, aßen mal ein Solei, viel mehr war kaum los.

Vater Kowolik machte mit dem Bus hier immer einen kurzen Zwischenstopp und hatte mit dem Wirt die Anstellung für seine Tochter aushandeln können. Viel zu verdienen gab es nicht. Sie musste erst um fünf Uhr abends anfangen und den Wirt unterstützen. Es schien ihm auch ganz förderlich zu sein, dass er eine junge, hübsche Bedienung in seiner Kneipe präsentieren konnte. Sie hatte dann Dienst bis um zehn, servierte das Bier und scherzte mit den Gästen.

Da nach ihrem Feierabend kein Bus mehr fuhr, machte sie sich zu Fuß auf den etwas mehr als drei Kilometer langen Heimweg nach Hunswinkel. Das war im Sommer noch ganz erträglich, aber schon im Herbst, als die Tage kürzer wurden, tappte sie oft in großer Dunkelheit die Straße entlang. Wenn sie zu Hause ankam, schliefen meist alle schon. Sie saß noch etwas im dunklen Zimmer auf der Bettkante oder zündete sich manchmal eine Kerze an. Sie war noch so aufgedreht, dass sie nicht gleich schlafen konnte. Dann blätterte Irma in einer Ausgabe der *Constanze*. Ältere Hefte der wöchentlich erscheinenden Frauenzeitschrift bekam sie gelegentlich von Frau Krusemann geschenkt. Vor allem die vielen Anzeigen im Heft interessierten sie und ließen ihre Träume sprießen. Schöne Kleider wurden angeboten oder auch Ferienreisen nach Italien.

Nur am Sonntag konnten Irma und Jörg sich heimlich treffen, dann hatte Irma frei.

„Wenn der Mond und die Sonne sich lieben, wie soll das gehen?“, sagte sie.

„Ich liebe dich, auch wenn ich dich nur einmal in der Woche treffen kann. An jedem Tag träume ich von dir, bis wir uns dann am Wochenende wieder sehen.“

Er drückte ihre Hand so fest, dass Irma sagte: „Lass mich los, du tust mir weh."

Sie setzten sich auf einen Holzstapel neben dem Weg.

Irma nahm einen Grashalm und kitzelte Jörg damit.

Dann sagte sie: „Der Wirt will, dass ich nicht mehr am Sonntag frei habe, sondern dass mein freier Tag der Donnerstag ist. Das ist der Tag vor der Löhnung am Freitag, dann haben die Arbeiter kein Geld mehr, dann ist eh kaum jemand in der Gaststube."

Jörg zuckte zusammen.

„Komm her zu mir", sagte er, zog Irma an sich und küsste sie stürmisch. Eine Hand legte er eng um ihre Taille, mit der anderen fasste er ihren Rücken.

„Du hast Tatzen wie ein Bär", sagte Irma und lachte. „Wie du mich an dich ziehst!"

„Wir könnten weggehen vom Dorf. Ich würde uns irgendwo eine Blockhütte bauen, vielleicht in Winterberg im Gebirge. Wir könnten uns auch Tiere halten und du wirst Kinder bekommen. Den Laden von meiner Mutter, nein, den will ich nicht, den könnte sie mir schenken. Marmelade verkaufen oder Tee und Erbsen abwiegen und hinter der Theke stehen und allen zulächeln, mit jedem ein wenig reden und ein bisschen Wechselgeld zurückgeben. Das finde ich furchtbar."

„Du bist ein komischer Kerl", sagte Irma. „Ich wäre glücklich, wenn ich so ein sicheres Auskommen hätte."

Jörg wollte sie zu sich ins Gras ziehen. Sie stieß ihn weg und sprang auf.

„Fang mich doch", lachte sie, „ich glaube nicht, dass du mich kriegen kannst."

Aber Jörg blieb sitzen und sagte nichts. Warum wollte sie seine Träume nicht verstehen?

Hand in Hand gingen sie die Straße Richtung Dorf hinunter. Irma hüpfte beim Gehen.

„Wann sehen wir uns wieder?“, fragte Jörg. Mit beiden Händen hielt er sie fest.

„Mein kleiner Bär, du wirst dich wohl gedulden müssen.“

Dann machte sie sich los, lief schnell voraus, drehte sich noch einmal um und warf ihm eine leichte Kusshand zu.

Die Treffen von Sonne und Mond waren bald kaum noch möglich. Als Frau Martin kurz darauf an ihrer Herzkrankheit starb, hätte es zumindest die Heimlichkeit nicht mehr geben müssen, aber die Konstellation der Gestirne war so gegensätzlich, dass es einer Sonnenfinsternis bedurft hätte, um die beiden Himmelskörper zumindest scheinbar zueinanderzuführen.

Jörg saß vormittags träumend hoch oben auf seinem Schornstein und malte sich ein Leben aus, handfest und beständig, und Irma schenkte am späten Abend lachend das Bier aus und servierte die Frikadellen und scherzte mit den Burschen und jungen Männern in der Kneipe vom Krummenerler Bahnhof.

Einer von ihnen hatte ein Fahrrad, und wenn sie nach Feierabend hinten auf dem Gepäckträger Platz nahm und ihre Arme um ihn schlang, um sich festzuhalten, war sie in kaum mehr als zehn Minuten zu Hause angelangt. Dann gab es auch noch etwas Zeit für ein paar neckische Worte, ein helles Lachen oder eine kurze Umarmung.

Schließlich sprach sich im Dorf herum, dass Irma und Jörg kein Paar mehr waren, und auch ich hörte davon. Jörg konnte eine Unterkunft bei seinem Meister in Valbert bekommen und ließ sich fortan in unserem Dorf nie mehr sehen, nicht einmal beim Schützenfest oder zum Geburtstag seines Vaters. Der blieb ohne Frau und ohne Sohn verbittert in seinem kleinen Kaufmannsladen zurück.

Ich war maßlos wütend auf Irma. Wie konnte man so untreu sein? Wie konnte man die Liebe so verraten? Jörg hatte sich sogar für sie das Leben nehmen wollen.

Als ich Wolf nach den Hausaufgaben zum Fußballspielen abholen wollte, stand Irma mit ihrer Schwester vor den Baracken. Ich rannte auf sie zu und gab ihr mit beiden Armen einen kräftigen Stoß. Sie fiel fast hintüber und sah mich dann verdutzt an: „He, was ist denn in dich gefahren?"

Ich rannte weg. Wie sollte ich es ihr erklären, wenn sie es selbst nicht spürte?

Ich jedenfalls hatte schon so oft darüber nachgedacht, irgendwie nach Osnabrück zu gelangen und Karoline zu suchen. Sicher würde sie auf mich warten. Mit Ottomar hatte ich darüber gesprochen.

„Das ist zu weit, so weit kommst du nicht", sagte er, „ein paar hundert Kilometer weit weg ist das. Dahin fährt wahrscheinlich noch nicht einmal eine Eisenbahn. Und du weißt ja gar nicht, wo sie da wohnt."

„Aber wenn ich da wäre", sagte ich, „würde ich durch jede Straße gehen und an jedem Haus fragen. Irgendjemand wird sie schon kennen."

„Stell dir das nicht so einfach vor. Ich war einmal mit meinem Vater in Hagen. Da wohnt ein Onkel von mir. So eine große Stadt, das kannst du dir nicht vorstellen! Man kann einen Tag lang laufen oder zwei und hat immer noch nicht alle Häuser gesehen."

„Aber probieren würde ich es!"

29 DER WELS

Als die Geschichte von dem Wels die Runde machte, war die Badesaison zum Glück vorbei. Mit Schauder stellten wir uns vor, dieses Riesenvieh hätte uns im Wasser erwischt, nach uns gebissen und uns in die Tiefe gerissen. Nur die Vorstellung, dass wir im gleichen Wasser geplanscht hatten, in dem auch diese Bestie schwamm, bewirkte bei uns Kindern jetzt noch immer Entsetzen und Grauen.

In Windebruch soll der Fisch wahrhaftig nach einem Dackel geschnappt haben, der am Ufer der Sperre entlanggelaufen war. Auf der gegenüberliegenden Seite war aus unerklärlichen Gründen ein Schlauchboot zum Kentern gebracht worden. War das der Wels gewesen?

„Nie mehr werde ich in der Sperre baden!", jammerte Inge.

„Stell dich nicht so an", sagte Ottomar, „mein Vater sagt, dass es ganz lichtscheue Tiere sind, die eigentlich nur nachts jagen."

„Aber er ist doch auch am Tag im Wasser, er ist doch da! Nein, ich geh da nicht mehr rein!"

Oma Johnke wusste eine alte Geschichte über den Wels zu erzählen. Ein edler Junker aus dem Memelland liebte ein holdes Fräulein, das ihn ebenfalls über alles liebte. Aber sie war dem Zaren versprochen und zog an den Hof von Petersburg, wo sie an der Seite ihres Gatten leben musste. Der verlassene Junker blieb traurig und verbittert zurück. Nächtelang stand er am Ufer der Memel und blickte verzweifelt in das dunkle

Wasser, dem er sich bald nicht mehr entziehen konnte. Durch die Trennung und den Gram verwandelte er sich in einen riesigen Wels, der ruhelos durch die Gewässer schwamm und hundert Jahre alt wurde. Wenn der Mond hell schien, konnte man ihn als dunklen Schatten in den Fluten sehen.

„Und dann hat er deshalb auch Dackel gefressen?“, fragte staunend Inge. Oma Johnke winkte ab.

Die Angler hatten schon längere Zeit vermutet, dass ein großer Wels in der Talsperre sein müsse. Ein solcher Fisch kann über zwei Meter groß werden und ein Gewicht von mehr als hundert Kilogramm erreichen. Man fürchtete um den Fischbestand, besonders um die Karpfen und Schleien. Schließlich wurde vom Anglerverein Hunswinkel eine Belohnung von zweihundert Mark ausgesetzt, wenn jemand dieses gefräßige Untier fangen würde.

Als Experte war Kösters Schwiegersohn Pierre gefragt. Die Angler versammelten sich in der Gaststätte und wollten wissen, was er zu sagen hatte. Wir Jungen hatten uns auch hereingeschlichen, hockten hinten in der Ecke und hörten neugierig zu. Auch Kurt und Klaus saßen in der Gaststube.

Der Wels hat einen langgestreckten, kräftigen und schleimigen Körper ohne Schuppen, mit langen Barteln oder Bartfäden am Oberkiefer. Damit kann er tasten und schmecken. Der Kopf selbst ist flach und hat nur sehr kleine Augen. Die benötigt der Fisch beim Fangen seiner Beute auch kaum, da sein Geruchs- und Geschmackssinn so hervorragend ist und er ein extrem empfindliches Gehör hat. Er tastet sich von hinten an seine Beute heran und erfasst sie.

„Was frisst er?“

„Er frisst alles, was er bekommen kann, Fische, Würmer, Wasservögel und auch Blässhühner oder Tauben.“

Mir lief ein Zittern durch den Körper. Gut, dass Inge nicht mitgekommen war.

„Und ist es denn anzunehmen, dass wir es nur mit einem großen Exemplar zu tun haben?“

„Ich denke schon“, sagte Pierre. „Die ausgewachsenen Tiere sind meist Einzelgänger, sie ’aben ihr eigenes Territoire.“

Magda brachte noch einmal eine große Runde Bier.

„Wie können wir ihn erwischen?“, fragte Albert Kück.

„Die Welse sind so wie auch einige von euch“, Pierre lachte. „Sie sind überwiegend aktiv in der Nuit, in der Nacht, sie ’aben das Licht nicht so gern. Am Tag ru’en sie sich aus, am Grund zwischen den Pflanzen oder unter Baumwurzeln am Ufer. Über’aupt bevorzugen sie die flachen Wasserbereiche. Wer unseren Wels fangen will, versucht es also am besten ’ier bei uns, am oberen Ende der Sperre.“

Am nächsten Tag gab es auch auf dem Schulhof kein anderes Gesprächsthema als den Riesenwels.

„Mindestens fünf Meter Abstand von der Sperre muss man halten“, sagte ein Mädchen aus unserer Klasse, „sonst kann man leicht gepackt werden. Er saugt einen in das Wasser hinein.“

„Ich geh gar nicht mehr in Richtung Sperre“, jammerte Inge.

„Mein Vater meint, man muss einen hohlen Baumstamm versenken. Darin wird sich der Wels verkriechen und man kann ihn dann herausziehen“, sagte ein anderer.

„Die zweihundert Mark würde ich mir auch gern verdienen“, sagte Ottomar.

Kurt und Klaus planten etwas, das wurde mir bald klar. Ich sah sie flüstern, und wenn ich ihnen näherkam, schwiegen sie ganz.

Es war Samstag und am Abend fand das Sängerfest bei Vollmerhaus statt. Kaum waren unsere Eltern weg, tauchte Klaus auf. Er trug einen Rucksack und hatte eine zusammengerollte Wolldecke dabei. Er pfiff unten vor dem Fenster und Kurt kam mit der gleichen Ausstattung aus der Haustür. Sie gingen die Straße zum Dorf hinunter.

Ich griff eine Wolldecke von meinem Bett, rannte hinüber, klopfte bei Ottomar am Fenster und zeigte auf die beiden, die schon unten bei Kösters nach rechts um die Ecke verschwanden.

„Nimm eine Decke mit. Ich erklär dir alles später."

Ottomar fragte nicht lang. Wir setzten uns in Trab.

An der Dorfstraße angelangt, konnten wir die beiden nicht erblicken. Sie mussten vor der Schule nach links zur Sperre gegangen sein. Wir liefen los. Dann sahen wir sie. Sie saßen auf dem Geländer der kleinen Listerbrücke und rauchten. Gerade gab Klaus die Zigarette an Kurt weiter.

War das der Grund ihres Ausflugs? Dass die beiden manchmal heimlich rauchten, wusste ich schon längst. Aber dafür benötigten sie doch keinen Rucksack und Wolldecken.

Ottomar und ich, wir duckten uns und warteten.

Schließlich gingen sie weiter, den Kuhpfad zum Seeufer hinüber und dann am Ufer entlang. Sie machten einen sorglosen Eindruck und rechneten nicht mit einer Verfolgung. Es wurde schon dämmerig.

„Ich weiß auch nicht, was los ist", sagte ich, „aber du siehst doch, sie haben etwas vor."

„Ob sie eine neue Hütte gebaut haben?"

Sie machten Halt. Hinter ein paar Bäumen gab es eine kleine Bucht und ein flaches Stück am Ufer. Vom Dorf aus konnte diese Stelle nicht eingesehen werden. Sie nahmen ihre Rucksäcke ab.

Ottomar legte den Finger auf die Lippen. Wir beobachteten.

Sie suchten etwas Holz zusammen und entfachten ein kleines Feuerchen. Wir waren unschlüssig, was wir tun sollten.

„Nun kommt schon vor. Denkt ihr, wir haben euch nicht bemerkt? Wenn ihr schon da seid, könnt ihr wenigstens etwas trockenes Holz sammeln", rief mein Bruder.

Wir waren ertappt.

„Entschuldigung", sagte Ottomar.

„Ist schon gut", erwiderte Klaus. „Wir wollen den Wels fangen und da könnt ihr uns gut helfen. Stellt euch da ans Ufer. Ihr habt so schöne schlanke Kinderbeinchen. Wenn er dann nach euch schnappen will, greifen wir zu."

Sie rollten sich ab vor Lachen und schlugen sich auf die Schenkel.

„Aber glaubt nicht", sagte Kurt, „dass wir euch von der Belohnung etwas abgeben."

Ottomar und ich waren ziemlich kleinlaut. Wir standen da mit unserer Wolldecke unter dem Arm.

„Wir suchen dann erst mal ein bisschen Holz", sagte ich.

„Ja, aber dalli, gleich ist es dunkel!"

Als wir schließlich um das Feuerchen saßen, war alles gut. Kurt und Klaus rauchten noch eine gemeinsame Zigarette. Das Wasser plätscherte in ganz kleinen Wellen gegen das

Ufer. Die Bäume über uns bildeten ein dunkles Dach, und wenn es kälter würde, könnten wir uns unsere Decken um die Schultern legen.

„Kurt“, sagte ich, „wollt ihr wirklich den Wels fangen?“

„Ich würd dir sogar fünf Mark abgeben, weil du mein Bruder bist“, sagte er.

Ich seufzte tief. Das hatte ich nicht erwartet.

„Danke“, sagte ich, „vielen Dank.“

Sie holten dann eine Schnur und Haken aus ihrem Rucksack. Klaus hatte, in Zeitungspapier eingepackt, zwei kleinere Fische dabei. Er umwickelte die Fische mit einem Stück der Angelleine und befestigte mehrere Haken daran. Die Leine wurde an einem Baumstumpf festgebunden.

„Pierre hat gesagt, Rindfleisch wäre noch besser. Aber wo sollen wir das herbekommen?“

Der Köder platschte zehn Meter weiter ins Wasser, das ein wenig aufspritzte und bald wieder fast spiegelglatt vor sich hin dümpelte.

„So wollt ihr die Bestie fangen?“, fragte Ottomar.

„Sei still, er hört alles, aber er ist verfressen. So ein kleines Fischchen lässt er sich nicht entgehen.“

Vom Hang herunter wehte ein leichter Luftzug über das Wasser. Es war tiefschwarz, viel schwärzer als der Himmel über dem See. Dort war das Reich des Riesenwels. Unten in Moder und Schlamm war sein Revier. Dort lauerte er des Nachts auf Beute, die er unerbittlich fraß. Saßen wir denn fünf Meter weit vom Ufersaum entfernt? Und wenn schon! Unser Feuerchen kokelte leicht vor sich hin. Ab und zu sprühte ein Funken auf. Wir saßen neben Kurt und Klaus! Das war wunderbar. Jetzt waren wir anerkannt. Ein paar Sterne leuchteten sogar oben am Firmament. Vor Seligkeit fielen mir fast die Augen zu.

Plötzlich spritzte das Wasser auf. Wir waren für einen kurzen Moment alle wieder hellwach.

„Heiner, los, halt dein Beinchen hin“, lachte Kurt. Er schlug mir auf die Schulter.

„Bloß irgendeine blöde Ente“, sagte Klaus.

Die kleinen Wellen platschten sacht gegen das Ufer. Vom Feuer war nur ein bisschen Glut übrig geblieben. Jeder von uns hatte sich in seine Decke gehüllt. Ein dreiviertel voller Mond war aufgegangen. War der Wels wirklich so schrecklich? Oder war er doch eher so einer wie der arme Junker aus dem Memelland, dem man seine Liebste geraubt hatte? Vielleicht war es auch Jörg, der ins Wasser gegangen war, weil ihn die treulose Irma verlassen hatte. Er schwamm nun ruhelos in der Talsperre herum. Alle machten auf ihn Jagd. Keiner wollte ihm seine Liebe gönnen.

Dann gab es plötzlich ein peitschendes Geräusch. Die Leine war mit einem Ruck zerrissen und über die Wasseroberfläche gezischt.

Klaus stand am Ufer. „Weg“, sagte er, „der Köder ist weg. Das war das Untier. Scheiße. Hoffentlich verschluckt es sich an den Haken.“

„Wir müssen los“, sagte Kurt. Er zertrat mit dem Fuß den Rest der kokelnden Glut. Wir packten unsere Wolldecken. Die großen Jungen auch ihre Rucksäcke. Im fahlen Mondschein tappten wir uns vorwärts auf dem Weg nach Hause.

Am nächsten Tag klärte Pierre uns auf.

„Eine solche straffe Schnur ist für den Räuber nichts. Die kappt er ohne Probleme. Ihr müsst ihn im Drill müde machen. Gegen den Widerstand muss er Leine zie'en, bis er müde wird. Dann wieder 'eran und ihn wieder zie'en lassen. Ihr müsst einen Kampf mit ihm fü'ren, einen Kampf, den ihr gewinnen müsst."

Ob es so auch mit der Liebe war? Einfach festhalten, das ging nicht. Loslassen und wieder heranziehen, in einem steten Kampf? Ob Jörg das nicht wusste? Aber was sollte der Junker tun, wenn seine Liebste eingesperrt war im Palast des Zaren? Jedenfalls, als Nachtmahr durch das dunkle Gewässer streifen, das konnte nicht das Richtige sein. Mit solchen Gedanken schlief ich abends ein.

Ich fuhr nach Osnabrück. Der Fahrer vom Milchlaster nahm mich mit. „Heute muss die Milch nach Hamburg geliefert werden, du hast Glück, da komme ich da vorbei."

In Osnabrück stieg ich aus. Der Ort war mindestens dreimal so groß wie unser Dorf. Alle Häuser waren rot gestrichen und hatten riesige Schornsteine. Eine Talsperre gab es nicht, noch nicht mal einen Bach. Ich ging die Hauptstraße entlang und kam zu einem Platz. Da saß an einem kleinen Tisch ein Mann in einem Anzug mit einer Schützenkette um den Hals. Vor ihm stand ein großes Glas Bier.

„Sind Sie der Bürgermeister? Dann können Sie mir sicher sagen, wo Karoline wohnt."

Er machte mit dem aufgestellten Daumen eine kurze Handbewegung nach hinten über die Schulter.

„Vielen Dank", sagte ich höflich und ging in die gezeigte Richtung.

Wahrhaftig stand da ein kleines Haus und auf der Bank davor saß Karoline. Ich stürzte auf sie zu und wollte sie umarmen. Aber sie schien mich nicht einmal zu erkennen.

„Wer bist du denn?“, fragte sie. „Meine Mutter möchte nicht, dass ich mit Fremden spreche.“

„Aber“, sagte ich, „ich bin es doch. Du bist doch meine Geliebte.“

Ihre Mutter erschien in der Tür.

„Karoline, komm bitte sofort herein“, sagte sie.

Da wusste ich, dass die Leine gerissen war.

Eine Woche später wurde der Wels gefangen. Er war zwei Meter und drei Zentimeter lang, ein absoluter Rekord. Niemand konnte sich erinnern, dass er jemals überboten worden wäre. Der einzige Makel war, dass es ein Angler aus Herpel war, von der gegenüberliegenden Seite der Sperre. Dem gönnte man das Preisgeld natürlich nicht, aber es musste ausgezahlt werden.

Inge war ein wenig beruhigt. „Spazieren gehen, na ja“, sagte sie, „aber ob ich im nächsten Sommer noch mal bade, das weiß ich noch nicht.“

30 DER UMZUG

Als der Möbelwagen hinauf in die Eichen fuhr, hörte es auf zu regnen. Hinter den Wolken kam dann sogar ein wenig die Sonne heraus.

„Wie schön, wie schön“, jubelte Tante Waltraut, „keiner weint uns eine Träne nach, nicht einmal der Himmel.“

Meine Mutter sah sie skeptisch an.

„Ach, ich freue mich so auf Arnsberg. Da gibt es ein Schloss und einen Glockenturm und einen alten Marktplatz, gepflasterte Straßen und wunderschöne Fachwerkhäuser. Wie froh bin ich, dass ich aus diesem kuhfladenverseuchten Dörflein wegkomme. Nur Bauern und Ziegen und Entenkacke. Dort werde ich eine richtige Stadtbewohnerin sein. Ich gehe zur Drogerie und kaufe mir eine Gesichtscreme. So etwas gibt es hier doch gar nicht. Meine Schönheit wird ganz neu aufblühen. Bist du denn nicht neidisch, Suse?"

Meine Mutter wandte die Augen gen Himmel: „Waltraut, hör endlich auf."

Aber ihre Schwester machte einfach weiter: „Hochhackige Schuhe werde ich tragen und meine Toilette hat natürlich Wasserspülung. Ein Knopfdruck und alle Scheiße ist weg. Das wünscht sich doch jeder."

Onkel Herwart konnte beim Umzug nicht helfen. Er hatte natürlich Verpflichtungen bei seiner Arbeit.

Das Mobiliar, der Hausrat, Bilder und Teppiche waren schnell aufgeladen. Dann saßen wir in der leeren Wohnstube auf den letzten verbliebenen Stühlen. Der Blick rundum in den leeren Raum war trostlos. Man bemerkte jetzt, dass der Fußboden nur außen gestrichen war, wo der nun fehlende Teppich nicht gelegen hatte. Wie vergilbt der Anstrich der Wände war, sah man, weil da, wo die Schränke gestanden oder Bilder gehangen hatten, hellere Flächen auftauchten. In einem Streifen über der ehemaligen Herdstelle war die Wand dunkel und fettig. Unter den vorderen Fenstern zeigte sich über der Fußleiste ein Schimmelstreifen.

Tante Waltraut konnte es am wenigsten begreifen.

„Hier war ich doch glücklich“, sagte sie, „das hier, das war doch unser Leben. Jetzt geben wir alles auf. Jetzt machen wir uns einfach davon.“

Wenn wir sprachen oder mit den Stühlen rückten, hallten die Geräusche von den Wänden zurück. Durch einen Luftzug öffnete sich die Tür zum leeren Schlafzimmer und knarrte unheimlich in den Angeln. Ich zuckte zusammen. Ich spürte die besondere Situation und getraute mich nicht, mich zu bewegen.

Meine Mutter hatte ein paar Brote vorbereitet, mit Schnittkäse und kleinen Gürkchen, auch für den Fahrer und den Möbelpacker. „So, nun greift schon zu“, sagte sie, „ihr müsst doch Hunger haben.“

„Ich kann es noch gar nicht glauben“, sagte meine Kusine Beeke. „Ich weiß gar nicht, ob ich mich freuen soll. Ist das hier jetzt wirklich alles vorbei?“

Sie sah meine Mutter, Kurt und mich an. „Kommt ihr uns denn besuchen?“

„Ich komme auf jeden Fall“, antwortete Kurt, „ich will das sehen.“

Als wir uns verabschiedeten, fiel Tante Waltraut meiner Mutter um den Hals und weinte bitterlich. Sie standen lange da in ihrer Umarmung und wollten nicht mehr voneinander lassen. Der Fahrer draußen im Wagen hupte schon.

Wir Kinder blickten verwundert und ratlos auf die beiden Schwestern.

„Ich bring dir ein paar frische Möhren mit, Beeke“, sagte schließlich mein Bruder und verzog den Mund zu einem gestellten Lachen, „die gibt’s in der Stadt doch nur in Dosen. Oder willst du lieber ein paar Hühnerfedern?“

Als der Möbelwagen durch die Allee runter zur Straße fuhr, winkte Beeke aus dem Seitenfenster. Unter Arnsberg konnte ich mir nichts vorstellen, aber meine Kusine würde mir fehlen.

Das Haus stand nur drei Tage leer, dann wurde es vom Bürgermeisteramt einer Familie mit vier Kindern aus den Baracken zugewiesen. Sie konnten es kaum fassen, dass sie aus ihren zwei kleinen Räumen mit dem gemeinsamen Toilettenhäuschen und dem Gemeinschaftswaschraum jetzt in das Haus in den Eichen einziehen durften.

Frau Krusemann kümmerte sich von Anfang an um die Familie. Sie sprach mit den Leuten im Dorf und fragte nach Möbelstücken, nach Bettwäsche oder Geschirr und Besteck für die Küche. Auch getragene Kleidung für die Kinder war gefragt. Sie war selbst noch neu im Dorf und von vielen kaum anerkannt, aber sie scheute sich nicht, einfach anzuklopfen und möglicherweise auch eine harsche Abfuhr zu erleiden.

Auf ihre Vermittlung hin transportierte Onkel Otto auf seiner Schubkarre einen alten Plüschsessel von Kösters hinauf in die Eichen.

„Der steht bei uns nur rum und frisst Staub“, hatte die alte Frau Köster gesagt.

Frau Krusemann schenkte ihr eine lilafarbene Stoffrose, die sie von einem ihrer Jacketts abgetrennt hatte.

„Ich glaube, die könnte Ihnen gefallen“, sagte sie.

„Nein, so was“, antwortete Frau Köster erfreut.

Der Lehrer sah den Einsatz seiner Frau eher kritisch.

„Du musst doch selbst erst einmal Akzeptanz im Dorf gewinnen. Da ist es vielleicht nicht klug, sich so eindeutig für eine Seite zu engagieren. Du weißt doch, dass viele nicht damit einverstanden sind, dass diese ganzen Fremden sich hier bei uns immer mehr einnisten."

„Das sind unsere Landsleute", entgegnete sie entschieden, „zudem Menschen, die vertrieben und heimatlos sind. Immer gebührt solchen Menschen ein besonderer Schutz."

Ihr Mann sah sie zweifelnd an.

„Das steht schon in der Bibel. Auch Jesus und seine Eltern waren Flüchtlinge."

Der Lehrer schwieg lieber still.

Als Onkel Otto am nächsten Morgen in seinen Schuppen ging, hatte er wie immer schon ein Liedchen auf den Lippen. *In einem kühlen Grunde, da geht ein Mühlenrad* sang er vor sich hin. Er hatte natürlich schon zwei, drei Schaufeln Kaltasphalt, eine Mischung aus Splitt und Bitumen, in seiner Schubkarre, packte den Stampfer, eine Heckenschere und den dicken Hammer darauf. Außerdem musste er heute eine rot-weiß gestreifte Bake mitnehmen, denn in der Kurve vor der Brücke war in einem schmalen Streifen auf zwei, drei Metern Länge am rechten Rand die Straße abgesackt. Das konnte er allein nicht wieder instandsetzen. Die Kraftfahrer mussten gewarnt werden, bis der Bautrupp kam.

Fast hätte er seine zwei Flaschen Bier vergessen. Dann war er bereit. Er packte seine Schubkarre an beiden Griffen und ging los.

Nach wenigen Metern blieb er wieder stehen. Was war das denn? Er stellte die Karre ab und ging nach vorn. Dann sah er die Bescherung. Der Reifen war absolut platt.

Otto schüttelte den Kopf. Gestern Abend war doch noch alles in Ordnung. Wie hatte so schnell die Luft entweichen können? Er holte die Luftpumpe, doch bald merkte er, dass es ein sinnloses Unterfangen war.

Er kniete sich nieder und untersuchte den Reifen. Ganz eindeutig sah er jetzt die Ursache. Es war kein Verschleiß und kein zufällig entstandener Schaden. An der rechten Seite des Mantels gab es drei Einschnitte, sicherlich mit einem Messer mutwillig gestochen.

Otto nahm seine Kappe ab, wischte sich über die Stirn.

„Das ist ja nicht zu fassen“, sagte er.

Er setzte sich auf die kleine Mauer neben dem Schuppen und öffnete verzweifelt schon jetzt seine erste Flasche Bier.

„Wer kann denn so etwas getan haben?“

Seine Frau kam aus dem Haus.

„Otto, du bist ja immer noch da“, sagte sie erstaunt.

Er zeigte auf den platten Reifen.

„Sieh dir das an.“ Er schüttelte den Kopf.

„Da hat jemand mit Absicht zugestochen. Gestern Abend, als ich den Sessel hoch in die Eichen gefahren hab, war noch alles in Ordnung.“

Seine Frau blies die Backen auf.

„Nä, nä“, sagte sie, „du hast die falschen Kunden.“

„Was meinst du jetzt damit?“

„Ich hab mir gleich gedacht, was fährst du für die Fremden die Klamotten durch die Gegend.“

„Ja, was denkst du denn? Wer soll denn das getan haben? Das macht mich jetzt aber fix und fertig."

Otto schüttelte wild den Kopf.

„Ich muss jetzt los. Zumindest die Warnung vor der abgesackten Stelle an der Straße muss ich aufstellen."

Er schulterte die Warnbake und ging zu Fuß ohne Karre los. Bis er hinter Martins Kaufmannsladen verschwunden war, hörte seine Frau ihn wild brabbeln und schimpfen und sah, wie er mit dem freien Arm gestikulierte. Nicht einmal sein Bier hatte er mitgenommen.

31 DER FRANZOS

Es war nichts mehr wie vorher.

Karolines Platz in der Bankreihe blieb leer. Meine Kusine Beeke war nicht mehr im Dorf. Onkel Otto sah man immer häufiger nur noch kopfschüttelnd seine Strecke abgehen. Er sprach fast nur mit sich selbst. Der Lehrer wirkte oft gereizt, wohl weil die Aufenthalte seiner Frau bei ihrer Familie in Filderstadt immer länger wurden.

Das Wetter zeigte sich zunehmend ungemütlicher. Häufig gab es Regen. Ottomar, Wolf und ich saßen im Schuppen auf der Wiese am Bach. Hier hatte ich mit Karoline gesessen. Ich schloss die Augen und sah sie zu mir kommen, mit dem Blumenkranz in der Hand. Es schmerzte immer noch.

„Was machen wir also?", fragte Ottomar.

„Ich glaube, der Lehrer ist auch so schon genug gestraft. Seine neue Frau haut ihm sicher bald wieder ab", gab ich zu bedenken.

Wolf sah mich an. „Willst du wieder einen Rückzieher machen?"

Ich schüttelte den Kopf. Wir kamen nicht so recht weiter.

Auf der Wiese nicht weit von uns landete nach einem schnellen und wendigen Verfolgungsflug ein Habicht. Er hatte sich wohl eine Maus oder einen kleinen Vogel gepackt, bohrte seine Krallen in die Beute. Deutlich sah man seinen recht langen Schwanz. Nur kurz konnte er unsere Aufmerksamkeit fesseln.

„Eine Jaucheattacke", sagte Ottomar, „vielleicht auf die Wäsche im Hof oder einen Beutel davon ins Fenster vom Schlafzimmer."

„Da war doch die blutige Pfote schon besser. Das ist zu albern. Außerdem muss das dann seine Frau wegmachen."

„Wir könnten ihm den Stuhl ansägen. Dann stürzt er vor der ganzen Klasse hin und würde sich lächerlich machen."

„Aber dann wäre es klar, dass einer der Schüler das getan hat. Wir dürfen uns nicht verraten."

Der Regen prasselte jetzt auf das Wellblechdach. Von der Traufe über uns platschte das Wasser auf den Boden. Wir zogen die Füße an. Es wurde richtig ungemütlich.

„Zeig mal deine Finger", sagte jetzt Ottomar zu mir. Ich hielt sie hin.

„Alles wieder gut, bis auf die Narben. Nur der kleine Finger bleibt wohl steif."

„Das hat der gut gemacht", murmelte Ottomar, „muss ich zugeben. Aber bei meiner Hand hätte der auch nichts machen können."

„Auf keinen Fall“, sagte ich sofort. „Wann bekommst du denn die Prothese?“

„Dauert noch.“

Es grummelte. Irgendwo in der Ferne musste es Blitz und Donner geben. Es wurde auch ein bisschen kühl.

Wolf sprach: „Ich fühl mich hier im Dorf jetzt richtig gut. Ich bin froh, dass ihr meine Freunde seid. Ich glaube, mit Jungen kann man eher was anfangen als mit Mädchen.“

Wir beiden anderen antworteten zunächst nicht.

„Ja, stimmt schon“, sagte Ottomar dann.

„Ich habe eigentlich noch nie Freunde gehabt.“ Wolf zögerte. „Ich hatte immer nur mit Erwachsenen zu tun. Als wir geflohen sind, ich kann mich kaum erinnern, da war ich noch ganz klein. Wir sind auf einem Leiterwagen gefahren. Meine Mutter hatte das Federbett mitgenommen, ganz eng verschnürt zu einem Paket. Blöd, oder? Aber das Federbett ist das Wertvollste, was wir haben, hat sie gesagt. Später war es völlig durchgeweicht und verdreckt. Irgendwo haben wir es dann liegen lassen.“

Er patschte absichtlich mit seinem Fuß in die Pfütze vor uns.

„Ich musste immer helfen, arbeiten, was besorgen, was organisieren, wisst ihr? Das konnten Kinder oft viel besser. Man musste immer aufpassen.“

Wir hörten ihm zu, aber verstanden nicht so recht, was er meinte.

„Ich muss auf dem Hof auch immer helfen“, sagte Ottomar.

„Ja, aber das ist was anderes. Der Hof gehört euch doch.“

Das Gewitter schien näherzurücken. Jetzt sah man über den Hügeln hinter der Sperre schon Blitze leuchten.

„Schlägt euch euer Vater manchmal?“, fragte Wolf.

Wir sahen ihn an.

„Na, eher mal gibt meine Mutter eine Backpfeife“, sagte ich, „mein Vater ist ja seltener zu Hause.“

Ottomar antwortete nicht.

„Da habt ihr es gut“, sagte Wolf.

Wir saßen da. Es donnerte.

„Soll'n wir nicht besser hier abhauen?“, fragte ich.

„Ne, lass es mal krachen, das tut richtig gut.“

Wir blickten in den Regen.

„Ich möchte später mal Schützenkönig werden“, sagte Ottomar. „Mein Vater sagt, das geht. Der linke Arm muss das Gewehr bloß abstützen. Aber ich muss viel trainieren. Wir haben ja ein eigenes Gewehr.“

Wolf kniff die Augen zusammen. Plötzlich sagte er: „Ich hab's! Soll'n wir den Lehrer erschießen? Das wär doch was Ordentliches.“

Ottomar und ich wurden stocksteif. Ich spürte ein Brennen in den Schläfen. Im gleichen Moment gab es einen mächtigen Donner. Wir zuckten zusammen.

„Nein!“, stießen wir dann fast gleichzeitig hervor. Ottomar hatte meine Hand ergriffen.

Wolf sah uns an. Dann lachte er.

„Schon gut, ihr Angsthasen, war nur ein Scherz. Aber verdient hätte er es.“

Der Regen wollte nicht nachlassen. Auf der Wiese bildeten sich große, sumpfige Lachen. Wir zogen schließlich die Jacken über die Köpfe und rannten los über die Wiese. Unsere Schuhe wurden pitschnass. Bei Kösters stand die Küchentür zum Hof hin auf. Wir stürzten hinein.

Martha schlug die Hände über dem Kopf zusammen.

„Wie seht ihr denn aus? Wo kommt ihr denn her?"

Sie machte uns einen heißen Tee mit Honig. Dann kam Pierre herein.

„Bonjour, messieurs."

Er setzte sich zu uns an den Küchentisch.

„Was habt ihr 'eute wieder angestellt?", fragte er lachend. Er konnte kein H sprechen, das wussten wir.

Martha fragte: „Willst du auch einen Tee, Pierre?"

„Lieber einen Pernod, ma chére. Aber nein, den trinke ich ja eigentlich nur 'eimlich."

Er lachte. „Ja, gern einen Tee, mit meinen Freunden 'ier."

Wir mochten Pierre. Er war immer ausgeglichen und zuvorkommend und witzig.

„Du bist doch ein Franzos. Warum bist du eigentlich nicht in Frankreich? Kann man denn einfach so in ein anderes Land kommen und da leben?", fragte jetzt Ottomar.

„Vielleicht bist du auch geflohen?", sagte ich und sah ihn fragend an. „Waren in Frankreich auch die Russen?"

Der Angesprochene gestikulierte mit den Händen.

„Nun, das ist so, im Sauerland sind die Frauen viel schöner." Er lachte. „Das werdet ihr auch bald bemerken." Er trank von seinem Tee.

„Gerade 'ier liebe ich es so. Wisst ihr, meine 'eimatstadt in der Bretagne hat ein Wappen mit einem silbernen Segelboot darin. Darüber gibt es einen goldenen Schlüssel. Das Segelboot kann auch 'ier auf der Sperre fahren und der goldene Schlüssel, das ist der Schlüssel zu dem 'erz von meiner geliebten Martha."

„Hör bloß auf", polterte sie und kam mit erhobenem Arm drohend auf ihn zu. Er zog sie heran und drückte sie an sich. Dann klingelte es vorne im Laden und sie verschwand.

Wir drei Jungen saßen eng nebeneinander auf der großen Eckbank. Unsere nackten Knie blickten unter den kurzen Hosen hervor. Der Tee wärmte uns.

„Die Deutschen und die Franzosen", sagte Pierre, „waren so oft erbitterte Feinde. So viele Menschen auf beiden Seiten sind gestorben. Meine 'eimat wurde im letzten Krieg von den Deutschen besetzt. Wir 'aben uns gewehrt. Die deutsche Wehrmacht 'atte befohlen, dass alle Waffen und Munition übergeben werden sollten. Mit einer Gruppe von Freunden 'aben wir so viel wie möglich in den Weinbergen versteckt. Dort gab es flache 'öhlen, in denen sonst Weinfässer gelagert wurden. Dahin 'aben wir alles geschleppt. Alles wurde dann mit Zweigen und Erde abgedeckt. Aber ge'olfen 'at es nicht viel."

Wir fanden das spannend und spitzten die Ohren.

„Ach, wisst ihr, ich 'abe nichts gegen Deutsche. Aber die Nazis 'aben unser Land besetzt. Und damals gab es viele von denen, die außer sich selbst keinen anderen gelten lassen wollten. Mon Dieu! Sie waren so verbohrt! Deutschland, Deutschland über alles. Wenn einer Jude war, wurde er abtransportiert und getötet. Wenn einer gegen die Nazis war, wurde er erschossen. Die waren so selbst'errlich in ihren Uniformen. Die ganze Welt wollten sie be'errschen."

Martha kam aus dem Laden zurück. „Hör auf, den Kindern deine Schauergeschichten zu erzählen."

„Als der Krieg zu Ende war, ging es anders'erum. Die Deutschen 'atten ja verloren. Viele von uns wollten sich rächen. Und wir Franzosen 'aben auch einen Teil von Deutschland besetzt. Weil ich gut Deutsch sprechen konnte, wurde ich als Dolmetscher eingesetzt. Und mein Glück, ich kam nach Trier, da gibt es auch wunderbaren Wein!"

Schon wieder klingelte es und Martha verschwand erneut. Unser Tee war inzwischen kalt geworden.

„Ich find's gut, dass du hier bist", sagte Wolf. „Du bist so lustig und zu uns Kindern nett. Scheißegal, ob du ein Franzmann bist."

„Ja, wie ich nun 'ier ins Sauerland gekommen bin?"

Martha war schon wieder zurück.

„Das liegt nur", sagte Pierre und warf seiner Frau eine Kusshand zu, „an meiner Liebe zu Martha."

Na, so ganz stimmte das nicht. Da war ja noch Annemarie gewesen. Das wusste ich.

32 DIE TROPHÄE

Frau Krusemann war schon drei Wochen lang weg. Im Dorf wurde getuschelt. Der feinen Dame bekommt das Landleben nicht. Was die sich einbildet!

Der Lehrer saß manchmal vorne am Pult und schien in Gedanken versunken. Er hatte den Kopf in die Hand gestützt und blickte scheinbar in sein Buch. Aber er las nicht, sondern starrte nur vor sich hin. Alle im Klassenraum hatten die Arbeit eingestellt und waren mucksmäuschenstill. Wir sahen zu ihm hin.

Plötzlich schreckte er auf, wie ertappt, und sah mit stechendem Blick in die Runde.

„Was ist? Habt ihr nichts zu tun? Macht eure Aufgaben! Was guckt ihr so?"

Er schlug mit dem Lineal auf das Pult.

„Reinhard, mach das Fenster auf!"

Er ging zum offenen Fenster, stützte sich mit beiden Armen auf die Fensterbank und blickte bewegungslos hinaus. Wieder verstrich eine lange Zeit, in der wir gespannt innehielten.

Im Flur ertönte die Pausenglocke und wir gingen hinaus auf den Schulhof.

„Die kommt nicht mehr wieder", sagte Wolf, „das geschieht ihm recht. Wer will auch mit so einem Kerl verheiratet sein."

Die Mädchen hatten sich ein Hüpfekästchen aufgemalt. Inge warf ihren Stein in die Drei, hüpfte auf dem rechten Bein in die Eins und in die Zwei und sprang dann über das dritte Kästchen hinüber.

„Ich finde Frau Krusemann ganz nett", sagte ich, „aber sie hat sicher einen besseren Mann verdient."

Inge machte kehrt und hüpfte wieder zurück. Unserem Gespräch hatte sie trotz des Spiels zugehört.

„Na, er ist doch der Lehrer", sagte sie, „das ist doch was. Der muss nicht im Stall den Mist wegmachen. Und als seine Frau kann sie sich eine schöne Bluse kaufen."

Ottomar tippte sich mit dem Finger an die Stirn, aber er sagte nichts.

Am späten Nachmittag war ich auf dem Weg hinunter zu Kösters, wo wir uns treffen wollten. Die Hausaufgaben hatte ich längst erledigt. Als ich beim Haus, in dem der Lehrer wohnte, vorbeikam, bemerkte ich ihn im Garten. Hinter der Ligusterhecke saß er im Schatten unter einem Apfelbaum. Er hatte sich ein schönes Gärtchen angelegt, mit weißen Rosen, Storchenschnabel, rotem Sonnenhut und Rittersporn. Ich schlich mich gebückt heran und sah, dass er in einer kurzen Hose in einem Liegestuhl saß. Das Holzbein hatte er abgeschnallt und neben die Tür zum Haus gelegt. Er schlief. Zum ersten Mal sah ich sein nacktes Bein, das ungefähr da, wo das Knie hätte sein sollen, mit einer Rundung endete. Wie schlimm sah das aus? Ich war verwirrt, eine konkrete Meinung konnte ich mir dazu nicht bilden.

Eine Weile beobachtete ich den Lehrer noch. Dann nahm ich einen kleinen Kieselstein und warf ihn auf die Steinplatten neben seiner Liege. Er reagierte nicht.

Was hatte ich prüfen wollen? Ich wusste es selbst nicht. Aber es war eindeutig, dass er in einem tiefen Schlummer lag.

Ich sah noch einmal genauer hin. Dem Lehrer fehlte nur der untere Teil, vom Knie an aufwärts war alles noch vorhanden, und die Prothese, die er vor das Haus gelegt hatte, war deshalb nur ein Stumpf. Daran befestigte er wohl eine Art Lederschaft mit ein paar Riemen. Das Holzbein war eigentlich gar kein Bein, sondern höchstens ein halbes.

Ich sah die Straße rauf und runter. Meine Freunde waren nicht zu entdecken. Niemand. Auch unten bei Kösters nicht. Der Lehrer schlief tief und fest. Schmetterlinge flatterten über seinen Blumenstauden.

Ich kann heute noch nicht sagen, was meine wirkliche Absicht war. Aber ich schlich an der Hecke entlang, zur kleinen Gartenpforte auf der rechten Seite des Hauses, kroch bis hin zum Haus. Fünf Meter weiter saß der schlafende Lehrer in seinem Liegestuhl. Ich machte meinen Arm ganz lang, bekam die Prothese am Lederschaft zu fassen und zog sie langsam heran. Fast bekam ich vor Anspannung keine Luft, aber der Lehrer atmete gleichmäßig, hörbar und tief. Das Ersatzunterbein schrappte nur kaum vernehmbar über den Boden. Dann konnte ich es aufnehmen. Es war gar nicht so schwer, wie ich gedacht hatte. Ich kroch zurück zur Straße, nahm das halbe Holzbein unter den Arm und ging zunächst gebückt und lautlos davon, dann, als ich mich sicherer fühlte, lief ich los und kam erst unten an der Brücke in der Dorfmitte atemlos zum Stehen.

Was hatte ich da unter dem Arm? Ich glaubte es selbst nicht.

Als Erstes tauchte Wolf auf.

„Was hast du da unter dem Arm?"

Ich zuckte mit den Schultern.

„Du bist verrückt", sagte er dann, als ihm dämmerte, was es sein könnte.

Jetzt war auch Ottomar da.

„Los, weg hier", sagte der sofort, „kommt hinter die Scheune von Toni. Wenn uns hier jemand sieht."

Wir saßen hinten am Scheunentor auf ein paar Strohballen. Vor uns lag das Beutestück.

„Das hätte ich dir nicht zugetraut, nä, das hätte ich nicht gedacht!", sagte Wolf dann. „Los, erzähl!"

Ich war immer noch so atemlos und so perplex über meine eigene Tat, dass ich kaum mehr als stottern konnte. Aber je stärker meine Freunde nickten, mir auf die Schulter klopften und lobende Worte aussprachen, umso mehr kam mein Redefluss in Gang, und die Raubtat wurde ausgeschmückt und von mir selbst heroisiert, bis ich mich mit der Holzbein-Trophäe in der Hand als glorreicher Held und Triumphator fühlte.

Die Scheunentür ging auf und Bauer Toni kam mit einer Schubkarre heraus. Irgendwelches Körnerfutter war darauf. Wir warfen uns schnell mit unserem Beinstumpf hinter die Strohballen. Toni pfiff eine kleine Melodie. Er war deutlich in seine Arbeit vertieft. Dann kam er wieder zurück, verschwand in der Scheune. Die Tür flog krachend zu.

„Wir müssen hier weg. Wohin jetzt?"

„Kommt zur Schule, da vermutet keiner was."

Wir liefen den kurzen Weg zum Schulgebäude. Niemand war auf der Straße oder vor den Häusern zu sehen. Hinter der Schule gab es einen Schuppen. Darin lag das Heizmaterial für den Ofen, Anmachholz und vor allem Briketts. Aber jetzt wurde ja noch nicht geheizt. Da war das sicher ein gutes Versteck.

„Was machen wir jetzt mit dem Ding?"

Wolf lachte schadenfroh. „Verbrennen, zersägen, versenken!" Er schlug sich auf die Schenkel.

„Langsam", sagte Ottomar, „erst mal überlegen."

„Vielleicht könnten wir ihn auch erpressen?", sagte Wolf dann.

„Lasst uns mal bis morgen warten."

Im Schuppen waren nur sehr wenige Briketts aufgestapelt, aber doch genug, dass wir das Holzbein dahinter verstecken konnten. Anschließend gingen wir zum Fluss und setzten uns noch ein wenig ans Ufer, um von unserer Tat abzulenken, und gingen dann nach Hause.

Am nächsten Morgen kam der Lehrer mit zwei Krücken in die Schule. Das Hosenbein auf der rechten Seite war sorgfältig zweimal umgefaltet und mit einer Sicherheitsnadel befestigt. Er stützte sich mit den beiden Krücken auf, setzte dann das gesunde Bein nach vorne und stützte sich nach diesem Schritt wieder auf die Krücken. Er machte das ganz geschickt und ließ sich nichts anmerken.

Er ging sofort zum Unterricht über, verlor kein Wort über seine Prothese. Die anderen Kinder blickten verwundert. Uns drei Jungen überraschte das Verhalten und es verunsicherte uns. Was war sein Plan?

„Der Lehrer hat sein Holzbein beim Orthopäden in Attendorn", sagte meine Mutter beim Mittagessen. „Ich habe heute morgen kurz mit ihm gesprochen. Es muss etwas gerichtet werden. Aber er hofft, dass er es bald zurückkriegt. Zumal ja morgen seine Frau wiederkommt."

Ottomar, Wolf und ich saßen am Nachmittag im Schuppen am Bach. Inge mussten wir abwimmeln. Sie war ja nicht eingeweiht.

„Es ist schon komisch, dass der Lehrer keinen Aufstand macht. Ich versteh' das nicht. Der macht doch sonst sofort immer den größten Wirbel."

„Jedenfalls hat er keinen Verdacht gegen uns."

Wir saßen ziemlich unschlüssig da.

„Frau Krusemann kommt morgen wieder", sagte ich.

Ottomar sah mich an und überlegte. „Dann versteh ich das, er will wohl nicht, dass sie weiß, dass jemand im Dorf etwas gegen ihn hat. Von der Pfote hat er ihr sicher auch nichts erzählt. Der zeigt er immer nur die gute Seite."

Wolf drängte darauf, etwas zu unternehmen, aber Ottomar sagte: „Lassen wir das Holzbein erst einmal im Schulschuppen liegen. Die Maus wird schon aus ihrem Loch kommen."

Als Frau Krusemann am nächsten Tag wieder zurück war, gab es für mich eine besondere Überraschung. Sie saß Hand in Hand mit dem Lehrer in dem kleinen Garten, in dem ich ihm das Holzbein gestohlen hatte. Ich sah sie über die Hecke hinweg. Als ich auf dem Weg vorbeiging, rief sie mich.

„Heiner, bitte komm doch einmal!"

Ich hätte vergehen können und stand dann da neben der Tür, wo ich auf allen Vieren zu der Prothese hingekrochen war, um sie dem Lehrer zu entwenden. Das Blut schoss mir ins Gesicht.

„Ich musste zu Hause lange meine kranke Mutter pflegen, jetzt bin ich endlich wieder da. Ich bin so froh. Aber ich habe doch auch oft an euch hier im Dorf gedacht", sagte Frau Krusemann, „und, du wirst es kaum glauben, sogar an dich!" Sie sprach in ihrem komischen Dialekt.

Der Lehrer blickte mich freundlich an. Es war offensichtlich, wie wohl ihm die Rückkehr seiner Frau tat.

Ich stand stumm und steif vor ihr.

„Und sieh mal, ich habe dir etwas mitgebracht."

Sie nahm ein Buch vom Gartentisch und reichte es mir. Ich nahm es zögerlich entgegen und dann sah ich es: Es war ein zweiter Band von der Geschichte von Heidi aus den Bergen.

Das war ja unglaublich! Jetzt war ich stumm vor Freude. Der Lehrer saß im Liegestuhl neben ihr und nickte mir zu.

„Danke", stammelte ich. Mit dem Buch in der Hand rannte ich weg.

Als ich mich mit den Jungens traf, war ich immer noch ganz aufgewühlt. Das Buch hatte ich unter den Pullover gesteckt. Der Triumpf über meine Heldentat war einem Schuldgefühl und einer tiefen Dankbarkeit gewichen. Aber ich wollte doch mein Gesicht vor den Freunden nicht verlieren.

„Was ist nun?", fragte Wolf ungeduldig. „Ins Feuer oder ins Wasser mit dem Ding?"

Ottomar kam mir zuvor. „Ich weiß nicht, ob das so eine gute Idee ist. Ich habe nachgedacht. Ich bekomme ja auch mal eine Prothese. Wenn mir die einer klaut! Ich glaub', das geht zu weit."

Als wir zum Schuppen kamen, um das Holzbein zu holen und es irgendwie wieder auftauchen zu lassen, bekamen wir einen furchtbaren Schreck. Wir öffneten die Tür und sahen im Zwielicht eine dunkle Gestalt vor der Reihe von Briketts stehen. Es war ein großer, kräftiger Mann. Der Lehrer war es jedoch nicht. Er stand auf zwei festen Beinen und hatte schwarze, mächtige Hände.

Ich wollte als Erster Reißaus nehmen, aber dann sprach die Gestalt zu uns.

„Das ist ja ein Zufall", hörten wir. „Ich hatte vor, die Kohlevorräte für den nächsten Winter wieder aufzufüllen, und da kommt ihr drei herein. Nein, so was."

Zunächst erleichtert, erkannten wir, dass es Onkel Otto war, der vor uns stand. Er musterte uns mit scharfem Blick.

„Denkt euch“, sagte er dann und schüttelte den Kopf, „ihr glaubt es nicht, was ich hier hinter den Briketts gefunden hab.“

Er wartete und sah uns prüfend an. Wir stießen uns verlegen gegenseitig in die Rippen.

„Wie sollen wir das wissen?“, fragte Wolf dann scheinheilig.

Eine kräftige Ohrfeige von Onkel Otto war die Antwort.

„Und ihr beiden bekommt gleich auch noch eine!“

Ottomar und ich wichen zurück. Otto seufzte tief.

„Ach, ich will euch gar nichts fragen“, sagte er dann, „ich sag's euch: Hier liegt doch, verdammt, das Bein vom Lehrer! Wie sollt ihr etwas davon wissen?“

Wie drei Ölgötzen standen wir nebeneinander.

„Macht bloß, dass ihr wegkommt!“, schimpfte er. „Und kein Wort davon, dass wir uns hier getroffen haben!“

Am nächsten Morgen kam der Lehrer nicht mehr mit den Krücken, sondern ganz normal humpelnd mit seinem Holzbein in die Schule. Er sprach kein Wort über die Angelegenheit.

Frau Krusemann blieb bei uns im Dorf. Der Lehrer war froh, dass er sein Bein wiederhatte. Das merkte man deutlich. Einen Rohrstock haben wir im Unterricht beim Lehrer seitdem nicht mehr gesehen.

33 DIE BRÜLLENDE KUH

Was wollte Arnold wieder im Dorf? Fast zwei Jahre war er hier nicht mehr aufgetaucht.

Als er mit seinem Auto schwungvoll von der Dorfstraße hinauf zu uns einbog und dann vor unserem Haus einparkte, blickten wir erstaunt alle oben aus dem Fenster: mein Vater, meine Mutter, Kurt und ich.

Er trug einen Strohhut auf dem Kopf, ein weißes Hemd und ein hellblaues Jackett. Er sah uns nicht sofort und ging zur Haustür. Unter dem Arm trug er ein kleines Paket.

Sein Charme gewährte ihm Einlass. Ein Küsschen auf die Wange für meine Mutter und mit beiden Händen einen Klaps auf die Schultern von Vater. Kurt steckte er einen kleinen Geldschein zu, für mich war das Paket.

„Herzliche Grüße aus Köln", sagte er, „diese Stadt ist wirklich unvergleichlich, ihr glaubt nicht, was es dort schon wieder für ein Leben gibt. Aber wenn's aufs Land gehen soll, dann nur zu euch! Da bin ich wieder, was sagt ihr?"

Keiner von uns sagte etwas.

Er sah mich an. „Na, du bist ja schon ein richtiger Mann geworden."

„Lass uns den Jungen noch ein wenig", sagte mein Vater, „aber gewachsen ist der Heiner schon, da hast du recht."

Ich zeigte auf seinen Wagen.

„Onkel Arnold", sagte ich, „hast du ein neues Auto?"

Er nickte und streckte stolz den Arm aus.

„Ein Ford 17M deLuxe", sagte er.

Ich war mehr als beeindruckt.

„Darf ich mal mitfahren?"

„Wenn du willst, sofort. Aber ich würde gern erst einmal meine Tasche ausladen."

Mein Vater machte eine Handbewegung Richtung Haus. Meine Mutter stand wortlos da.

Kurz darauf fuhren wir schon an Sprattes Eiscafé vorbei, sausten Richtung Windebruch, geschmeidig durch alle Kurven, die Sperre entlang hinunter zur Sperrmauer. Vater und Arnold saßen vorn, Kurt und ich fiebernd mit hochrotem Kopf auf dem Rücksitz.

Wir machten kehrt. Auf der Seenstraße Richtung Listerscheid passierte es dann. Ein paar Kühe wollten von rechts die Straße überqueren. Als wir um die Kurve sausten, stand die erste mitten auf der Fahrbahn und ließ völlig arglos mit erhobenem Schwanz ein paar schwarzgrüne Fladen auf die Straße platschen. Arnold konnte nicht mehr bremsen, zog den Wagen nach links, schleuderte hinten weg und schlug mit dem Heck wuchtig gegen den massigen Leib der Kuh. Mein Vater schrie auf. Ehe der Wagen abrupt zum Stehen kam, war er auf der linken Seite im Straßengraben gelandet. Arnold schlug mit dem Kopf gegen den Pfosten der Vorderscheibe. Uns anderen war zum Glück nichts weiter passiert, aber er saß zusammengekauert hinter dem Lenkrad.

„Die Kuh brüllt", rief mein Bruder entsetzt, „was ist mit der Kuh?"

Sie wälzte sich auf der Fahrbahn.

„He, Arnold", sagte Vater und er strich ihm leicht mit den Händen über die Wangen. Er reagierte nicht.

Die Kuh brüllte immer noch wie verrückt. Dann war sie plötzlich still. Den Kopf hatte sie liegend in einem steilen Winkel nach oben gestreckt. Die Augen waren starr geöffnet. Eine flimmernde Stille wölbte sich über der Szenerie.

Wir stiegen aus dem demolierten Wagen. Die Sonne schien heiß. Die angefahrene Kuh lag einfach auf der Straße und rührte sich nicht mehr. Die anderen Viecher waren unbekümmert neben der Straße weitergegangen. Sie fraßen sorglos das Gras am Rand.

„Was ist mit Onkel Arnold?“, fragte mein Bruder jetzt.

Vater schüttelte aufgeregt den Kopf.

„Wo können wir Hilfe bekommen?“

Ich stand verzweifelt am Straßenrand. Es schien, als wenn die verletzte Kuh noch atmete. Ich konnte kaum hinsehen. Es war so still, dass man die Grillen zirpen hörte.

Dann kam das Milchauto aufreizend langsam den Hügel herunter. Wir winkten wie wild. Es musste anhalten, weil die Kuh mitten auf der Straße lag. Der Fahrer stieg aus, sah auf das elende Tier, dann blickte er auf den Wagen im Straßengraben und meinen verzweifelt gestikulierenden Vater. Er erfasste die Lage schnell.

„Ich hole Hilfe“, sagte er, wendete sein Auto und fuhr wieder davon.

Uns blieb nichts anderes, als hilflos am Straßenrand zu stehen oder zu sitzen und uns von der Sonne bescheinen zu lassen. Vater ging dann auf und ab.

Es war so: Ich blickte immer mehr zu der Kuh, die dick und von Zeit zu Zeit stöhnend auf der Fahrbahn lag, als zu Onkel Arnold hin, der bewegungslos im Vorderteil des Autos hing. Kleine Margeriten blühten am Straßenrand. Es gab von allen Seiten Bienengesumm.

Wir saßen längere Zeit da. Keiner sagte etwas. Dann kam mit dem Auto der Doktor. Er ging zu Arnold, fühlte den Puls, gab ihm ein paar kräftige Schläge gegen die Wangen. Arnold kam wieder zu sich.

„Die Ambulanz von Attendorn wird gleich hier sein“, sagte er. „Wir haben Hoffnung.“ Und er machte meinem Vater gegenüber ein beschwichtigendes Zeichen.

Dann ging er zur Kuh. Aus seiner Arzttasche nahm er eine mächtige Spritze und setzte sie dem Rindvieh in die Seite. Er war immer auch ein wenig Tierarzt, das wussten wir. Das wird wohl das Ende der Kuh gewesen sein. Ich konnte nicht mehr hinsehen. Da flogen schon massenweise Fliegen über dem Leib.

Der Doktor nahm uns mit zurück ins Dorf. Meine Mutter blickte stumm und starr ins Ungewisse, als sie von dem Geschehen erfuhr. Sie ging zum Sofa und zeigte auf das Gästebett, das sie bereitet hatte.

„Da wird er heute wohl eher im Krankenhaus die Nacht verbringen.“

Nach drei Tagen wurde Onkel Arnold entlassen. Seine Gehirnerschütterung war mit einer kurzen Bewusstlosigkeit verbunden gewesen. Er konnte sich an den Unfall selbst nicht mehr erinnern. Immer noch plagten ihn Schwindel und Kopfschmerzen. Auch laute Geräusche konnte er nicht vertragen.

„Ich soll noch einige Tage Bettruhe halten“, sagte er. „Der Doktor hat mir ein paar Tabletten verschrieben.“

Mutter versorgte ihn relativ wortlos und ließ ihm seine Ruhe. Wenn Vater von der Arbeit kam, erkundigte er sich nach seinem Wohlbefinden. Wir Kinder sollten das Zimmer meiden.

Die Stimmung war insgesamt bedrückend. Bauer Toni und Otto hatten mit dem Trecker das kaputte Auto auf den

Hof geschleppt. Das rechte Vorderrad war abgeknickt, der Kotflügel und die rechte Seite waren ordentlich verknittert. Arnold wollte es gar nicht sehen.

Am Sonntag saß er dann mit uns am Frühstückstisch.

„Dieser furiose Auftritt hier bei euch tut mir leid“, begann er und zögerte dann. Er schmierte sich wie wir anderen auch eine Marmeladenschnitte. Vater sah ihn erwartungsvoll an.

„Eigentlich wollte ich mit einer guten Nachricht hier bei euch auftauchen.“

Mutter ging zur Anrichte und holte den fertigen Kaffee.

Mein Vater sagte: „Ist gut, Arnold, du sollst dich nicht aufregen.“

Irgendwie spürte ich, dass etwas bevorstand.

„Walter“, sagte Onkel Arnold dann, „ich bin gekommen, um dir ein Angebot zu machen. In unserer Firma suchen wir einen kompetenten Abteilungsleiter, mit Erfahrung in Organisation und Kommunikation. Wir haben Geschäftskontakte in ganz Deutschland und sogar bis nach England. Die englische Sprache wirst du wohl bald lernen können. Ich habe sofort an dich gedacht. Vom Gehalt her wirst du sicher das Doppelte verdienen wie bei der Verkehrsgesellschaft in Meinerzhagen.“

Wir alle blickten Arnold stumm an. Vater rührte in seiner Kaffeetasse.

„Arnold, was soll das?“, sagte dann meine Mutter.

„Ist die Stelle in Köln?“, fragte Kurt. „Müssen wir dann nach Köln ziehen?“ Er streckte begeistert den Daumen seiner rechten Hand nach oben.

Ich verstand noch gar nichts.

„Schluss jetzt“, sagte Mutter, „kümmer dich lieber mal um dein Schrottauto auf dem Hof, Arnold!“

Am Abend wollte Onkel Arnold meine Eltern zum Essen in das Gut Kalberschnacke einladen. Mutter lehnte sofort vehement ab.

„Ich habe dringende Handarbeiten zu machen, Strümpfe stopfen und Hemden bügeln. Nein, nein, um nichts in der Welt werde ich an diesem Ausflug teilnehmen.“

Vater und Arnold machten sich allein auf den Weg. Das Auto stand ja nicht zur Verfügung. Sie gingen an der Sperre entlang Richtung Brücke.

„Spätestens am Dienstag muss ich wieder in Köln sein“, sagte Arnold, „und ich hoffe auf eine gute Antwort von dir, auf die richtige!“

„Wie stellst du dir das vor? Du überfällst mich mit deinem Angebot. Eine solche Entscheidung ist grundlegend und noch dazu nicht innerhalb von ein oder zwei Tagen zu treffen.“

Arnold hakte meinen Vater unter, schlenkerte beim Gehen ein wenig in den Hüften und pfiff ein Liedchen.

„Ach, Arnold, wie leicht du immer alles nimmst!“

„Schau mal da den Sonnenuntergang“, sagte Arnold und zeigte über die Sperre hin. „So was kann ich dir in Köln natürlich kaum bieten, aber denk mal an den Dom! Ihr habt ja nicht einmal eine Kirche im Dorf. Da fällt dir die Entscheidung noch schwer?“

In der Kalberschnacke trafen sie auf eine muntere Gesellschaft. Mehrere Tische waren besetzt und es roch schon einladend nach Braten und gerösteten Zwiebeln. Arnold bestellte sofort eine Flasche Rotwein. Vater schüttelte den Kopf und lachte.

„Arnold, wie du dir das Leben gestaltest! Ich komm da nicht so ganz mit. Entschuldige bitte, ich lebe hier im Sauerland, da geht alles bedächtiger zu. Ich bin froh, dass wir nach dem Krieg jetzt wieder ein normales Leben haben. Da kommst du so unvermittelt aus deiner Großstadt."

„Das wird sich ändern, warte nur ab."

Sie stießen an. Ein schwerer, betörender Rotwein.

„Ich bin begeistert, ich wusste kaum, dass es solch einen Wein hier gibt."

Der Ober brachte Rinderroulade mit Rotkohl.

„Die Soße, vorzüglich!"

„Nun mal zur Sache", sagte Arnold. „Du musst an deine Kinder denken. Kurt hat die Volksschule schon beendet. Soll er Knecht beim Bauern werden? Oder eine Schlosserlehre machen? In unserer Firma könnte er einen kaufmännischen Beruf erlernen. Und Heiner ist in dem Alter, dass er ein Gymnasium besuchen sollte. Das ist hier überhaupt nicht möglich. Ich glaube, der Junge ist sehr begabt, verbau ihm nicht die Zukunft!"

Arnold goss noch einmal von dem Rotwein nach.

„Auch für eine Wohnung könnte ich sorgen."

Als sie auf dem Rückweg waren, war es stockfinster. Auf der Brücke mussten sie sich am Geländer entlangtasten. Dann kam zum Glück ein wenig der Mond hervor. Im Café Spratte war noch Licht. Ille saß mit ihrem Mann im Gastraum. Die Feriengäste waren schon auf dem Zimmer.

„Eine Lokalrunde bitte", rief Arnold beim Eintreten und lachte. „Ille, gibt es Cognac?"

„Da tauchst du ja wieder fröhlich auf, Arnold. Ich hörte, du hattest eine Gehirnerschütterung, da ist doch Alkohol gar nicht so gut", antwortete sie.

Ihr Mann schlug mit der Hand auf den Tisch: „Nun zier dich nicht, Frau, wenn die Herren uns schon einmal einladen." Ein schallendes Lachen begleitete seine Rede.

„Walter wird bald seinen Ausstand hier geben. Er zieht mit seiner Familie nach Köln", sagte Arnold.

„Nun langsam, langsam", gab Vater zu bedenken, aber es klang nicht sehr überzeugend.

Sie stießen mit dem Cognac an.

„Ich glaube, Suse würde schon gern nach Köln ziehen", sagte Ille und stieß mit dem Ellenbogen ihrem Mann in die Rippen.

„Ich will nichts mehr trinken", sagte Vater, „komm Arnold, auf, das Bett ruft."

Als ich am nächsten Tag so richtig begriff, worum es ging, wurde mir angst und bange, Panik ergriff mich. Sobald ich die Erwachsenen reden hörte, wollte ich nur noch meine Ohren verschließen und weglaufen.

Ich saß ganz allein in dem alten Schuppen auf der Wiese am Bach. Die verrostete Egge und die Badewanne lagen immer noch da. Die Bilder stiegen wieder vor mir auf. Bald war ich schon zu alt für die Indianer. Aber an Karoline dachte ich immer noch gern. Sie war schon lange weg aus dem Dorf. Weg, in einer anderen Welt, ohne Nachricht, ohne Irgendwas.

Ich konnte es immer noch nicht fassen. Lag denn Köln vielleicht in der Nähe von Osnabrück?

Auch Tante Waltraut und Beeke hatten das Dorf verlassen. Noch nicht einmal hatten wir sie, wie wir es versprochen hatten, in Arnsberg besucht.

Und Jörg lebte ohne seine Liebe und seine Familie irgendwo hinter dem Berg. Ganz allein.

Eigentlich hatte doch niemand von ihnen unser Dorf freiwillig verlassen.

Ich konnte mir nichts vorstellen unter solchen Begriffen wie Neuanfang, neue Perspektive, ungeahnte Möglichkeiten. Ich war hier zu Hause. Wer weggeht, lässt alles zurück.

Als ich im Schuppen saß und weinte, zogen sie alle in einer langen Reihe vor mir auf.

Als Erste Ottomar und Inge und Wolf. Ja, das waren meine Freunde. Sie winkten mir zu und riefen: „Warum willst du denn weg von uns? Freunde verlässt man nicht so einfach. Hast du denn alles vergessen? Neue Freunde zu finden, du wirst schon sehen, wie schwer das ist."

„Bald bekomme ich die Prothese", sagte Ottomar, „das möchte ich dir doch zeigen. Und dann ist demnächst wieder das Schützenfest. Denk an das Kettenkarussell."

„Selbst den Lehrer haben wir doch gezähmt", sagte Wolf, „auch wenn er noch eine Abreibung verdient hätte."

Inge sah mich mit großen Augen an und hielt in der Hand eine Herzkartoffel hoch. Konnte es sein, dass ihr sogar eine Träne über die Wange lief?

Da standen der Bauer und die alte Oma Johnke. Der Bauer hatte grün-weiße Fähnchen vom Schützenfest in der Hand.

Die Oma sagte: „Heiner, bringst du mir im Spätsommer noch einmal ein paar Waldbeeren? Du weißt, getrocknet gegen den Durchfall. Und ich backe Waldbeerkuchen. Die Sache mit dem Loch in der Decke, nein, das war nicht deine Schuld. Ich finde schön, dass du Gedichte magst."

Pierre und Martha kamen Hand in Hand. Pierre kniff mir ein Auge zu und lachte: „Glaub mir, ich liebe Martha. Die Welt ist überall schön, du findest schon eine neue 'eimat, egal wo. Mach's wie ich, such dir eine schöne Frau. Da bist du zu 'ause."

Irma hielt sich etwas zurück. „Ich weiß, was du von mir denkst. Vielleicht wirst du mich später verstehen. Man kann nicht immer nur träumen. Die große Liebe, ja, was ist das denn? Und viele Grüße von meinem Vater. Er hat Dienst. Er ist mit dem Bus unterwegs."

Sogar der Frisör Fingerhut tauchte auf. Er war immer nett gewesen. Aber ich winkte ab: Nie mehr halblang.

Frau Krusemann hielt ein Buch in der Hand: „Der dritte Band von Heidi." Sie hielt es hoch und winkte mich mit der Hand heran. Sie wollte mich damit locken.

„Na, gib's ihm schon", sagte der Lehrer mürrisch, „auch wenn er meint, woanders wäre alles besser."

Richtig traurig schien Onkel Otto zu sein. „Ach, Junge, ihr Kinder habt mir Mut gemacht. Ihr werdet keinen Krieg mehr dulden, nein, da bin ich sicher. Ihr versteht es, dass ein Fremder ohne Heimat eine neue Bleibe braucht. Du kannst ja in den Ferien noch mal kommen. Dann gehen wir zusammen mit meiner Schubkarre los. Wir nehmen etwas Kaltasphalt mit und den dicken Stampfer. Wenn du in der Stadt nicht etwas Besseres geworden bist. Ja, du hast das Zeug dazu. Denk an uns hier auf dem Dorf. Was meinst du, was ich dir von Finnland noch alles erzählen kann."

Schließlich kam auch der Doktor. „Entschuldige, beim Toni hatte ein Kalb eine Kolik und der Tierarzt war nicht verfügbar, da musste ich wieder ran. Ja, Heiner, ich kann fast bei allem helfen, aber gegen Heimweh gibt es keine Pillen. Sei tapfer."

Trotzdem konnte ich gegen die erneuten Tränen nichts tun. Ich zog die Schuhe und die Strümpfe aus, ließ sie einfach liegen und stieg in den Bach. Ich watete ein Stück hinauf, vom Dorf weg in Richtung Wald. Da oben war die Schützenwiese. Rechts hinter dem Hang hatten Klaus und Kurt damals die Hütte gebaut.

Es war nicht so einfach zu gehen. Unter Wasser gab es immer wieder dicke Steine. Ich stieß mit meinen Füßen daran. Es gab auch scharfe Kanten, die schmerzten. Das Wasser war schon ziemlich kalt. Aber das beachtete ich kaum. Drüben stand das alte Gesindehaus des Bauernhofs, wo wir in der oberen Etage wohnten. Bei Oma Johnke unten war schon Licht. Aus dem Schornstein kräuselte sich ein lustiger Rauch empor. Die Sonne schien noch schwach. Bald würde sie hinter mir auf der anderen Seite der Talsperre untergehen. Dann würde sich mit der Abendkälte wahrscheinlich ein kühler Nebel über das Dorf senken.